Alberto Siliotti

TAL DER KÖNIGE

nebel SACHBUCH

TAL DER KÖNIGE

Texte und Fotos
Alberto Siliotti

Redaktion
Valeria Manferto De Fabianis
Laura Accomazzo

Gestaltung
Patrizia Balocco Lovisetti

VORWORT	6
EINFÜHRUNG	8
ZEITTAFEL	9
DAS TAL DER KÖNIGE	12
Der Bau eines Königsgrabes	24
Architektur und Dekoration der Gräber	26
Die Bestattung des Pharaos	28
Die Gräber im Tal der Könige	29
DIE GRÄBER DER XVIII. DYNASTIE	
Das Grab Thutmosis' III. (Nr. 34)	30
Das Grab Amenophis' II. (Nr. 35)	32
Das Grab des Tutanchamun (Nr. 62)	34
Das Grab des Eje (Nr. 23)	44
Das Grab des Haremhab (Nr. 57)	46
GRÄBER DER XIX. DYNASTIE	
Das Grab Ramses' I. (Nr. 16)	50
Das Grab Sethos' I. (Nr. 17)	52
Das Grab des Merenptah (Nr. 8)	58
GRÄBER DER XX. DYNASTIE	
Das Grab Ramses' III. (Nr. 11)	62
Das Grab Ramses' VI. (Nr. 9)	64
Das Grab Ramses' IX. (Nr. 6)	68
DAS TAL DER KÖNIGINNEN	70
Die Gräber der Söhne Ramses' III.	74
Das Grab des Cha-em-weset (Nr. 44)	76
Das Grab des Amun-her-chopeschef (Nr. 55)	78
Das Grab der Nofretiri (Nr. 66)	80
DIE „SCHLÖSSER DER MILLIONEN JAHRE"	94
DEIR EL-BAHARI	97
Der Tempel des Mentuhotep	98
Der Tempel Thutmosis' III.	99
Der Tempel der Hatschepsut	100
Das „Versteck" von Deir el-Bahari	112
Das Grab des Senenmut	113
DER TEMPEL SETHOS' I.	114
DAS RAMESSEUM	116
DIE MEMNONSKOLOSSE	122
MEDINET HABU	124
Der Tempel Ramses' III.	126
Der Königspalast	127
Die Kapellen der Gottesgemahlinnen	128
Der Tempel der XVIII. Dynastie	129
DEIR EL-MEDINA, DAS DORF DER ARBEITER	130
DER TEMPEL VON DEIR EL-MEDINA	132
DIE NEKROPOLE VON DEIR EL-MEDINA	133
Das Grab des Sennodjem (Nr. 1)	134
Das Grab des Inherkhau (Nr. 359)	136
Das Grab des Paschedu (Nr. 3)	138
DIE PRIVATGRÄBER	140
Das Grab des Chaemhet (Nr. 57)	141
Das Grab des Sennefer (Nr. 96)	142
Das Grab des Rechmire (Nr. 100)	148
Das Grab des Nacht (Nr. 52)	152
Das Grab des Menena (Nr. 69)	154
Das Grab des Ramose (Nr. 55)	156
Das Grab des Chons (Nr. 31)	157
Das Grab des Userhet (Nr. 51)	158
Das Grab des Benia (Nr. 343)	159
WEGBESCHREIBUNG Von Deir el-Medina zum Tal der Königinnen	160
WEGBESCHREIBUNG Von Deir el-Medina zum Thebanischen Gipfel und zum Tal der Könige	162
GLOSSAR	164
BILDNACHWEIS	167

1 Die kleine hölzerne vergoldete Statue zeigt die Göttin Selkis. Sie wurde im Grab des Tutanchamun (Nr. 62) entdeckt. Die Figur befindet sich im Museum von Kairo.

2–3 Die Maske des Tutanchamun ist aus massivem Gold. Sie befand sich direkt auf der Mumie des Pharaos. (Ägyptisches Museum, Kairo)

4 Das Goldamulett stellt eine geflügelte Uräusschlange mit weiblichem Kopf dar. Es wurde auf der Mumie des Tutanchamun gefunden. Bei der Uräusschlange handelt es sich um eine heilige Kobra, die als Beschützerin des Königstums galt. Sie erscheint bei einer Vielzahl von Amuletten, die an der Mumie des Pharaos befestigt waren. Die Amulette sollten dem Schutz des verstorbenen Pharaos dienen.

5 Blick in den Eingangsbereich des Grabes von Nofretiri Meri-en-mut (Nr. 69), der königlichen Gattin von Ramses II., deren Name mit „die von Mut geliebte Schönste" übersetzt wird. Nofretiri wird hier Hand in Hand mit Harsiesis gezeigt.

VORWORT

6 oben links Diese kleine nicht beschriftete massive Goldstatue wurde im Grab von Tutanchamun in einem Miniatursarkophag mit der Namensinschrift der Königin Tiy, der Großmutter von Tutanchamun und Ehefrau von Amenophis III. gefunden.

6 oben rechts Eine vergoldete Holzstatuette, die im Grab von Tutanchamun gefunden wurde. (Ägyptisches Museum, Kairo)

Das Tal der Könige und das Tal der Königinnen sowie die Privatgräber und Tempel in Theben sind, zusammen mit den Pyramiden von Gizeh, die meistbesuchten und bekanntesten archäologischen Fundstätten von Ägypten. Sie stellen eine besondere Attraktion für Touristen dar, die nach Luxor, dem alten Theben, während ihres Aufenthaltes in Hurghada, an den Ufern des Roten Meeres, oder in Sharm el-Sheikh im Sinai kommen. Doch anders als die Pyramiden von Gizeh sind die Gräber von Theben, die aufgrund der Qualität ihrer Illustrationen von der UNESCO als eines der Meisterwerke universeller Kunst und „Erbe der Menschheit" bezeichnet werden, äußerst heterogen.
Es ist unglaublich, aber ungeachtet der hohen Zahl an Besuchern ist ein vollständiger Führer der Nekropole von Theben nie veröffentlicht worden. Nun wird diese Lücke durch dieses Buch zum Tal der Könige und der Nekropole von Theben geschlossen. Zum ersten Mal wird das komplexe archäologische Areal in seinen gesamten Ausmaßen vorgestellt. Speziell für dieses Buch wurden Karten erarbeitet, die es dem Leser erleichtern, sich vor Ort zurechtzufinden. Dem Leser werden aktuelle und wissenschaftlich korrekte Daten zugänglich gemacht, die bis heute in der Regel nur in Fachzeitschriften, außer Reichweite eines Nicht-Ägyptologen zu finden waren.
Die meisten Gräber werden in dem vorliegenden Buch kurz und prägnant beschrieben. Die bedeutendsten und interessantesten Wandmalereien werden eingehend erläutert.
Auch die Tempel von Theben werden Punkt für Punkt mit ihren architektonischen Strukturen und Dekorationen u. a. anhand detaillierter Pläne erklärt.
Vervollständigt wird der Führer durch zwei Wegbeschreibungen: Von Deir el-Medina zum Tal der Königinnen und von Deir el-Medina zum Thebanischen Gipfel und zum Tal der Könige. Wenn man diesen Beschreibungen folgt, kann man die Monumente aus ungewöhnlichen Perspektiven sehen und wenig besuchte Stellen erkunden: prähistorische Plätze; Felsentempel; Graffiti der Pharaonenzeit; Hütten und Dörfer, in denen die Handwerker lebten; Felsensteinbrüche, aus denen man die Farben für die Verzierung der Gräber gewann.
Ein Glossar, in dem Fachbegriffe und Namen von Gottheiten erklärt werden, beschließt diesen umfassenden Führer, der in fünfjähriger Arbeit und nach Feldvermessungen vor Ort entstanden ist.

6–7 Die gewölbte Decke in der Grabkammer des Grabes von Sennodjem, dem „Diener im Sitz der Wahrheit" ist mit acht großen Szenen versehen. Hier sieht man den Verstorbenen mit seiner Gemahlin Iniferti. Beide verehren fünf Himmelsgottheiten. Das Grab (XIX. Dynastie) befindet sich in Deir el-Medina.

7 unten links Das Bild zeigt den Ort Deir el-Bahari mit dem Tempel der Hatschepsut, dem von Thutmosis III. und dem von Nebhepetre Mentuhotep (links).

7 unten rechts Erster Pylon des Tempels von Ramses III. in Medinet Habu. Es handelt sich um den besterhaltenen königlichen Tempel auf der westlichen Seite des Nil. Auf der linken Seite des Bildes sieht man die Reste der Kapelle von Amun, einem Kultort, der sich vor allem in der XXV. und XXVI. Dynastie großer Beliebtheit erfreute.

EINFÜHRUNG

Theben, die große Hauptstadt Ägyptens am Ostufer des Nil, war während des Neuen Reiches eine dicht bevölkerte Stadt. Sie erstreckte sich von der heutigen Stadt Luxor und ihrer Vorstadt bis nach Karnak. Theben liegt ungefähr 500 Kilometer südlich von Kairo. Die alten Ägypter nannten die Stadt *waset,* „die Stadt des Zepters". Die Griechen nannten sie viele Jahrhunderte später Theben. Homer benutzte diesen Namen bereits. Er sprach vom „Theben der hundert Tore", wobei er sich nicht so sehr auf die „Tore" der Stadt bezog, sondern auf die beeindruckenden Säulen von Ipetisut. So wurde der nahegelegene Tempel von Karnak, der zu Ehren des Amun erbaut worden war, genannt.

Theben war das Reich des Amun. Der Pharao galt als sein irdischer Sohn. Auf dem westlichen Nilufer am Fuß des Thebanische Gipfels erstreckte sich die riesige königliche und bürgerliche Nekropole der Hauptstadt. Sie war das Reich des Osiris, Gott des Jenseits, und wurde von den Ägyptern *imenet en waset,* „der Westen von Theben", oder auch *ta geser* „das heilige Land" genannt.

Dennoch umfaßte das Westufer nicht nur die Gräber der Könige Ägyptens, ihrer Familien und der führenden Noblen, deren wunderbare Gemälde zur ausdrucksvollsten Kunst aller Zeiten gehören. Dies war auch der Ort, wo die Verehrung des zum Gott erhobenen lebenden Königs neben den toten Königen in den sogenannten „Schlössern der Millionen Jahre" zelebriert wurde.

Das Tal der Könige, das Tal der Königinnen, die Privatgräber in Theben und die großen Gedächtnistempel, wie Deir el-Bahari, das Ramesseum oder Medinet Habu, sind heute touristische Attraktionen. Jedes Jahr werden diese Orte von Millionen von Touristen besucht, die die außergewöhnlichen Kunstwerke bewundern. Diesen Besuchern ist der vorliegende Führer gewidmet.

ZEITTAFEL

Die im folgenden genannten Zeitangaben können von Angaben in anderen Werken abweichen, da die genauen Zahlen wissenschaftlich nicht eindeutig belegt werden können.

FRÜHZEIT	2900–2620 v. Chr.
ALTES REICH	2620–2100 v. Chr.
ERSTE ZWISCHENZEIT	2100–2040 v. Chr.
MITTLERES REICH	2040–1650 v. Chr.
ZWEITE ZWISCHENZEIT	1650–1540 v. Chr.
NEUES REICH	1551–1070 v. Chr.
XVIII. Dynastie	**1551–1306 v. Chr.**
Ahmose	1551–1525 v. Chr.
Amenophis I.	1525–1504 v. Chr.
Thutmosis I.	1504–1492 v. Chr.
Thutmosis II.	1492–1479 v. Chr.
Hatschepsut	1479–1457 v. Chr.
Thutmosis III.	1479–1425 v. Chr.
Amenophis II.	1427–1396 v. Chr.
Thutmosis IV.	1396–1386 v. Chr.
Amenophis III.	1386–1349 v. Chr.
Amenophis IV. (Echnaton)	1356–1340 v. Chr.
Smenkhkare	1342–1340 v. Chr.
Tutanchamun	1340–1331 v. Chr.
Eje	1331–1327 v. Chr.
Haremhab	1327–1295 v. Chr.
XIX. Dynastie	**1306–1186 v. Chr.**
Ramses I.	1295–1294 v. Chr.
Sethos I.	1294–1279 v. Chr.
Ramses II.	1279–1212 v. Chr.
Merenptah	1212–1199 v. Chr.
Ammenemes	1202–1199 v. Chr.
Sethos II.	1202–1196 v. Chr.
Siptah	1196–1190 v. Chr.
Ta-wosret	1190–1188 v. Chr.
XX. Dynastie	**1186–1070 v. Chr.**
Setnacht	1188–1186 v. Chr.
Ramses III.	1186–1154 v. Chr.
Ramses IV.	1154–1148 v. Chr.
Ramses V.	1148–1144 v. Chr.
Ramses VI.	1144–1136 v. Chr.
Ramses VII.	1136–1128 v. Chr.
Ramses VIII.	1128–1125 v. Chr.
Ramses IX.	1125–1107 v. Chr.
Ramses X.	1107–1098 v. Chr.
Ramses XI.	1098–1076 v. Chr.
DRITTE ZWISCHENZEIT	1070–711 v. Chr.
SPÄTZEIT	711–332 v. Chr.
GRIECHISCH-RÖMISCHE ZEIT	332 v. Chr.–395 n. Chr.

8 links Das Wappenzeichen bzw. Symbol von Theben. Es ist das Symbol von waset, dem Zepter der Macht und gleichzeitig der Name der gesamten Region. In der Zeit des Neuen Reiches war Ägypten in 42 Verwaltungsbezirke aufgeteilt.

8 rechts Amun war die Hauptgottheit von Theben. Zusammen mit seiner Gattin Mut und seinem Sohn Chons bildet er die Thebanische Triade. Der Name Amun bedeutet „der Verborgene". Er war der Oberste der Götter. Meist wird er mit menschlichem Angesicht und Doppelkrone dargestellt. Der Körper wird in blauer Farbe dargestellt, der Farbe des Himmels. (Ippolito Rosellini, Monumenti Storici)

8–9 Das Grab des Ramose (Nr. 55) in der Nekropole von Sheikh Abd el-Qurna ist mit Flachreliefs in perfekter Ausführung reich verziert. Ein Beispiel ist hier abgebildet. Es zeigt Gäste, die an einem Bankett teilnehmen. Ramose war Stadtverwalter und Wesir zur Zeit Amenophis' IV.

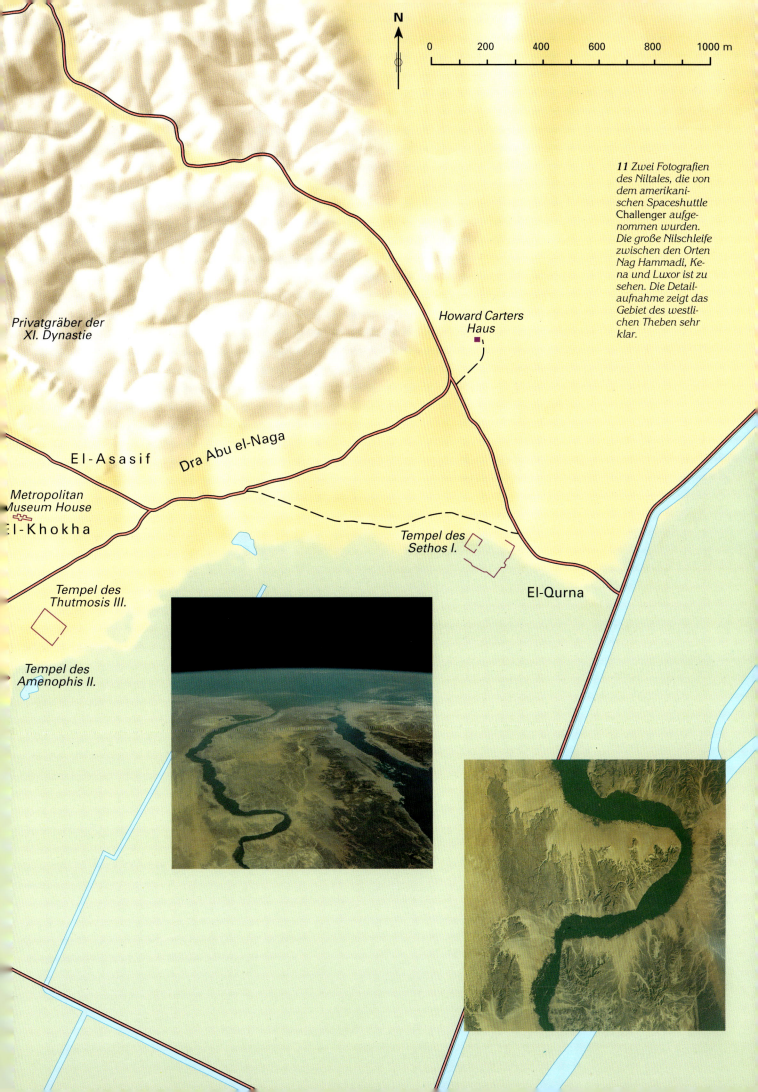

11 Zwei Fotografien des Niltales, die von dem amerikanischen Spaceshuttle Challenger aufgenommen wurden. Die große Nilschleife zwischen den Orten Nag Hammadi, Kena und Luxor ist zu sehen. Die Detailaufnahme zeigt das Gebiet des westlichen Theben sehr klar.

DAS TAL DER KÖNIGE

12–13 Den Begriff „Tal der Könige" prägte Champollion. Er bezeichnet die königliche Nekropole von Theben, in der die Pharaonen des Neuen Reiches bestattet wurden. Die Ägypter nannten dieses Tal Ta sekhet aat („die grüne Weide"). Das Tal der Könige, das von einem tiefen Einschnitt in die Felsen des thebanischen Westgebirges gebildet wird, besteht aus zwei Teilen: Das westliche Tal enthält nur vier Gräber, u. a. das des Eje, Nachfolger von Tutanchamun, und das des Amenophis III. Im Hauptteil des Tales, dem eigentlichen Tal der Könige, befinden sich die übrigen Gräber der Pharaonen.

Das Tal der Könige, das die Ägypter heute *Biban el-Moluk* („Tore der Könige") nennen, wird durch einen tiefen Einschnitt in den Kalkstein im thebanischen Westgebirge gebildet.
Die alten Ägypter nannten diesen Ort *Ta sekhet aat* „die grüne Weide". Heute führt der mehrere Kilometer lange Zugang zum Tal über eine breite asphaltierte Straße, die der alten Strecke folgt, auf der einst die königlichen Sarkophage zur letzten Ruhestätte der Pharaonen getragen wurden.
Das Tal verzweigt sich in zwei Teile: Im westlichen Tal, das auch „das Tal der Affen" genannt wird, liegen vier Gräber. In den beiden königlichen wurden die Pharaonen Amenophis III. (Nr. 22) und Eje (Nr. 23) bestattet. Der Hauptteil des Tals liegt an der Verlängerung der Zugangsstraße und wird als das eigentliche „Tal der Könige" bezeichnet. Die gesamte Anlage umfaßt 64 Ruhestätten.

Das Tal der Könige wird vom Thebanischen Gipfel überragt, der von den Einheimischen aufgrund seiner seltsamen pyramidenförmigen Form *el-Qurn* „das Horn" genannt wird. Dieser Berg war einst der Schlangengöttin Mertseger „diejenige, die die Stille liebt" geweiht. Wahrscheinlich war es dieses geomorphologische Element, das deutlich an die Pyramide, eine Besonderheit der Königsgräber des Alten Reiches, erinnert, das die ersten Pharaonen der XVIII. Dynastie dazu veranlaßte, diesen imponierenden Ort für die Erbauung ihrer ewigen Wohnungen auszusuchen. Es gab aber auch noch einen anderen Grund für diese Wahl: Wegen seiner Lage und seiner geographischen Gestalt war der Zugang zu diesem Tal schwierig und konnte auf jeden Fall von den *megiaiu*, der mit der Bewachung der Nekropole betrauten „Polizei", überwacht werden.
Es ist schwer festzustellen, wer der erste Pharao war, der im Tal begraben wurde. Vieles weist darauf hin, daß Thutmosis I. (Nr. 38) der erste war. Dieses Grab ist jedoch erst später, zur Zeit von Thutmosis III. errichtet worden, der den Sarkophag Thutmosis' I. dorthin überführte. Dies kann man aus den Gegenständen schließen, die auf die Zeit von Thutmosis III. datiert werden können. Eines der ältesten Gräber, ist das riesige und ungewöhnliche Grab, das Hatschepsut für sich und ihren Vater Thutmosis I. plante (Nr. 20). Man kann jedoch nicht ausschließen, daß es ursprünglich nur für Thutmosis I. erbaut wurde und Hatschepsut den Originalplan erweiterte.
Das Tal der Könige wurde in jedem Fall seit Hatschepsut und Thutmosis III. als Begräbnisstätte der Pharaonen genutzt und diente bis zum Ende der XX. Dynastie, insbesondere bis zur Zeit von Ramses XI., der als letzter Pharao

12 unten Der Berg el-Qurn. Der Umriß des Berges erinnert an eine Pyramide, die das Tal der Könige überragt. Es ist anzunehmen, daß diese natürliche Felsformation einer der Gründe für die Auswahl dieses Tales für die Grabstätten der Pharaonen war. Man konnte so symbolisch an die Pyramiden-Bestattung des Alten Reiches anknüpfen.

13 oben Die Göttin Mertseger, „diejenige, die die Stille liebt" wurde als Inkarnation des Berges el-Qurn verstanden. Sie wird allgemein in der Gestalt einer Frau mit dem Kopf einer Kobra dargestellt, die die Krone der Hathor trägt. Mertseger galt als Schutzgöttin der Nekropole und der Toten.

13 unten Pharao Thutmosis I., der um 1504 bis 1492 v. Chr. regierte, war vermutlich der erste Pharao, der im Tal der Könige bestattet wurde. Die genauen Begleitumstände seines Todes sind nicht bekannt.

im Tal begraben wurde, als königliche Nekropole.
Die Eingänge zu den Königsgräbern waren nicht versteckt sondern deutlich sichtbar. Die „Nekropolenpolizei" hatte, neben der Bewachung der Straße, die zum Tal führte, auch die Aufgabe, die Grabeingänge zu inspizieren, um sich zu vergewissern, daß die Siegel, die am Grabmonument angebracht waren, nicht erbrochen waren. Leider stellten sich diese Vorsichtsmaßnahmen als nutzlos heraus.
Während schwieriger und unsicherer Zeiten politischer und gesellschaftlicher Instabilität – wie jener am Ende der Herrschaft von Ramses III., die sich bis zum Ende der XX. Dynastie noch verschlimmerte – zogen die in den Gräbern angehäuften Schätze immer wieder Räuber und Plünderer an. Daher wurde beschlossen, den Ort nicht länger als Begräbnisstätte zu nutzen. Priester brachten die königlichen Mumien an sicherere und besser versteckte Stellen, wie zum Beispiel in das berühmte „Versteck" von Deir el-Bahari, um sie vor Entweihung zu schützen.
Aus den Papyri über die Raubzüge in den Gräbern, wie *Papyrus Mayer B, Papyrus Salt 124* und *Papyrus Abbott*, geht hervor, daß damals viele private und königliche Gräber geschändet wurden. Das Grab von Tutanchamun, das von den Trümmern vom Bau des oberhalb liegenden Grabes von Ramses VI. bedeckt war, stellt eine glückliche Ausnahme dar.
Viele Jahrhunderte herrschte Stille im Tal, bis in der griechisch-römischen Zeit die ersten „Touristen" kamen. Der Historiker Diodorus Siculus, der Ägypten im 1. Jahrhundert v. Chr. bereiste, schreibt: „Sie sagen, dies seien die Gräber der alten Könige: Sie sind herrlich und sie lassen der Nachwelt keine Möglichkeit, etwas Schöneres zu schaffen".
Nach der Römerzeit legte sich wieder Stille über den heiligen Ort, bis der Jesuit Claude Sicard 1708 das Tal der Könige besuchte. Ihn beeindruckte vor allem der Granitsarkophag von Ramses IV.
Im Jahr 1734 besuchte der englische Geistliche Richard Pococke das Tal und zeichnete den ersten Plan mit zunächst 18 Gräbern, von denen nur die Hälfte zugänglich war.
Der Reisende James Bruce besuchte im Jahr 1769 das Grab von Ramses III. (Nr. 11) und kopierte die beiden Harfenspieler, die ihn überaus faszinierten.
Die Wissenschaftler, die der Expedition Napoleons im Jahr 1798 folgten, entdeckten das Grab Amenophis' III. (Nr. 22) im westlichen Tal und nahmen die erste wissenschaftliche Vermessung des Gebietes vor.
Im Jahr 1817 entdeckte Giovanni Battista Belzoni aus Padua die

16 oben links James Bruce besuchte Ägypten 1769. Er war einer der ersten Europäer, die das Tal der Könige besuchten. Er kopierte die beiden Harfenspieler im Grab Ramses' III., das man auch „Harfenspielergrab" oder „Bruce-Grab" nennt.

16 oben rechts Bruce zeichnete das Flachrelief der Harfenspieler ab, da es ihn so sehr faszinierte. Damit wurde zum ersten Mal ein Bild aus einem Pharaonengrab veröffentlicht.

16 unten Die erste Zeichnung vom Tal der Könige, die 1743 veröffentlicht wurde, stammt von Richard Pococke.

16–17 Das Tal der Könige in einer berühmten Lithografie von David Roberts, einem schottischen Zeichner des 19. Jahrhunderts. Er bereiste Ägypten und den Nahen Osten 1838–1839.

17 oben Abbildung der Harfenspieler aus dem Grab von Ramses III. von John Gardner Wilkinson. Er bereiste Ägypten zwischen 1824 und 1830. Während seiner Reise besuchte er archäologisch interessanten Orte und stellte sie in mehreren Büchern vor. Sein bedeutendstes Werk hat den Titel „Lebenswandel und Sitten der alten Ägypter". Auf Wilkinson geht die erste Numerierung der Gräber im Tal der Könige zurück.

17 unten Dieses Bildnis von Giuseppe Angelelli zeigt die Mitglieder der franko-toskanischen Expedition unter der Führung von Champollion. In der Mitte des Bildes sitzt der bärtige Champollion in orientalischer Kleidung; links neben ihm steht sein Lieblingsschüler und Mitarbeiter Ippolito Rosellini.

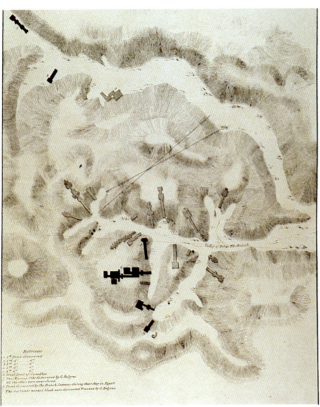

Gräber von Ramses I. (Nr. 16), von Sethos I. (Nr. 17) und von Eje (Nr. 23), wobei letzteres im westlichen Tal liegt. Diesen außergewöhnlichen Funden folgten drei Jahre später jene des Engländers James Burton, der zwei namenlose Gräber und ein weiteres (Nr. 5) entdeckte, das dem Prinzen Meriatum („der von Atum, dem Sohn Ramses' II., geliebt wird") zugeschrieben wird. Zwischen 1824 und 1830, in den Jahren nach der Entzifferung der Hieroglyphenschrift, arbeitete John Gardner Wilkinson im Tal der Könige und identifizierte die Gräber. Er ordnete ihnen zum ersten Mal Nummern zu, die auch heute noch in Gebrauch ist. In den Jahren zwischen 1828 und 1850 war das Tal Ziel von Wissenschaftlern, Reisenden und Künstlern, unter ihnen auch Jean François Champollion und Ippolito Rosellini, Robert Hay und Richard Lepsius.

Neue Entdeckungen wurden jedoch erst wieder 1898 registriert, als der Franzose Victor Loret zwei neue Gräber entdeckte: das von Thutmosis III. (Nr. 34) und das von Amenophis II. (Nr. 35). Im Jahr 1899 entdeckte Loret außerdem ein viel kleineres und bescheideneres Grab, das von Thutmosis I. (Nr. 38).

Im Jahr 1903, entdeckte Howard Carter das Grab Thutmosis' IV. (Nr. 43). Zwischen 1903 und 1907, entdeckte Carter das Grab von Juja und Tjuju (Nr. 46), den Eltern der Königin Tiy, der Gemahlin Amenophis' III., und jenes von Pharao Siptah (Nr. 47). Im Jahr 1908 entdeckten Carter und Edward Ayrton das Grab von Haremhab (Nr. 57), dem letzten Herrscher der XVIII. Dynastie.

Im Jahr 1922 entdeckte Carter das wohl bedeutendste Grab des Tals, die einzige königliche Ruhestätte, die praktisch unberührt geblieben war: das berühmte Grab von Tutanchamun (Nr. 62).

Im Februar 1995 erfolgte die bisher letzte Entdeckung, als Kent Weeks von der *American University* in Kairo im Grab gegenüber jenem von Ramses II., das von Burton 1820 gefunden worden war, eine Reihe neuer Räume entdeckte, die für die Söhne von

18 oben Giovanni Battista Belzoni, der 1778 in Padua geboren wurde, war einer der großen Erforscher Ägyptens in der Zeit bevor man die Hieroglyphen entziffern konnte. Belzoni kam 1815 in Ägypten an und blieb dort bis 1819. Sein Name ist mit außerordentlichen Expeditionen verbunden unter anderem mit der zur Öffnung des Tempels von Abu Simbel und der zur Öffnung der Chephrenpyramide in Gizeh.

18 unten Der von Belzoni gezeichnete Plan vom Tal der Könige. Die von ihm entdeckten Gräber sind schwarz markiert. Belzoni entdeckte im Tal der Könige das Grab von Ramses I. (Nr. 16) und das Sethos' I. (Nr. 17). Im westlichen Tal entdeckte der Forscher das Grab von Pharao Eje (Nr. 23).

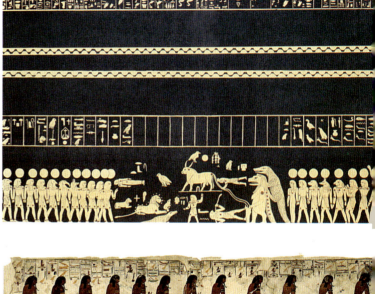

19 oben rechts Ein Ausschnitt aus dem berühmten Deckengewölbe des Grabes von Sethos I. Es handelt sich um eine Darstellung astronomischer Themen. Der Ausschnitt wurde mit weiteren 44 kollorierten Darstellungen von Belzoni in dem Buch „Narrative of the Operations and Recent Discoveries" veröffentlicht.

19 oben links Die Königskartusche von Sethos I., Menmaatre Sethos

19 unten links Das Bild stammt von einer der Säulen aus der „Halle der Schönheit" – der Name stammt von Belzoni – im Grab von Sethos I. Es zeigt den Pharao mit der Göttin Hathor. Die Zeichnung wurde von Alessandro Ricci aus Siena angefertigt. Ricci arbeitete an der Seite von Belzoni und war bedeutsam für die Erforschung dieses großen Grabes.

19 unten rechts Eine unveröffentlichte Originalzeichnung von Belzoni und Ricci, die vom Grab Sethos' I. erstellt wurde. Belzoni war der erste, der eine komplexe Untersuchung der Zeichnungen in den Gräbern im Tal der Könige durchführte. Die Früchte seiner Arbeit kamen in einer besonders erfolgreichen Ausstellung, die im Jahr 1821 in London eröffnet wurde, zutage. Diese Ausstellung wurde später in Paris wiederholt. Zu der berühmten Ausstellung gehörte eine Rekonstruktion zwei der schönsten Hallen aus dem Grab von Sethos I.

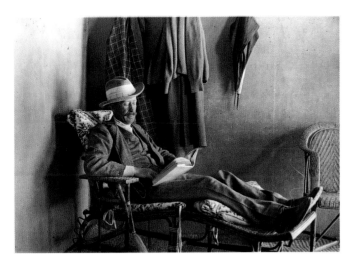

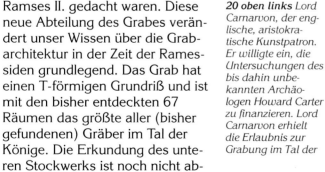

Ramses II. gedacht waren. Diese neue Abteilung des Grabes verändert unser Wissen über die Grabarchitektur in der Zeit der Ramessiden grundlegend. Das Grab hat einen T-förmigen Grundriß und ist mit den bisher entdeckten 67 Räumen das größte aller (bisher gefundenen) Gräber im Tal der Könige. Die Erkundung des unteren Stockwerks ist noch nicht abgeschlossen, so daß vermutlich noch weitere Räume entdeckt werden.

20 oben links *Lord Carnarvon, der englische, aristokratische Kunstpatron. Er willigte ein, die Untersuchungen des bis dahin unbekannten Archäologen Howard Carter zu finanzieren. Lord Carnarvon erhielt die Erlaubnis zur Grabung im Tal der Könige 1914, die allerdings bedingt durch den Ersten Weltkrieg erst 1917 begannen. Lord Carnarvon starb am 5. April 1923 unter mysteriösen und dramatischen Umständen. Es entstand die Legende von der „Rache der Pharaonen".*

20 unten links *Eine Fotografie des Grabes von Tutanchamun, die kurz nach der Entdeckung am 4. November 1922 aufgenommen wurde. Das Grab liegt direkt unterhalb des Grabes von Ramses VI. (im Mittelpunkt der Fotografie). Sein Eingang wurde durch die große Menge an Abraum aus dem Grab von Ramses VI. verschüttet und so vor Plünderern bewahrt.*

20 unten rechts *Eine Menschenkette trägt das Bestattungsmobiliar aus dem Grab von Tutanchamun – über 3500 Einzelstücke – zum Lagerplatz. Allein die Räumung der Vorkammer des Grabes dauerte über 50 Tage. Im Jahr 1930 wurden die letzten Objekte aus dem Grab transportiert.*

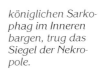

20–21 Die Tür des zweiten der vier großen, ineinandergeschachtelten vergoldeten Holzschreine, die den königlichen Sarkophag im Inneren bargen, trug das Siegel der Nekropole.

21 oben rechts Carter, der Archäologe Arthur Callender und zwei Arbeiter entfernen die Trennwand zwischen Vorkammer und eigentlicher Grabkammer, um an den Sarkophag zu gelangen.

21 Mitte rechts Eine der beiden Statuen, die den Grabraum bewachten, wird vor ihrem Abtransport aus dem Grab vorsichtig eingewickelt. Die hölzernen Statuen waren mit schwarzem Harz bemalt. Die Kopfbedeckung und die triangelförmige Tunika, auf der sich die Kartusche des Pharaos befindet, waren mit einer Goldschicht versehen.

21 unten rechts Die nördliche Wand der Vorkammer wurde partiell beschädigt, um einen Weg in die Grabkammer zu bahnen, mit dem Blick auf den äußeren vergoldeten Holzschrein. Auf beiden Seiten der Wand wurden zwei hölzerne, lebensgroße Holzfiguren gefunden, die die ewige Ruhe des Königs bewachen sollten.

21 unten links Am 17. Februar 1923 begann Carter, der in der Mitte des Fotos zu sehen ist, mit den Arbeiten zur Öffnung der Grabkammer.

22 oben Zahlreiche Schiffsmodelle wurden in dem kleinen Raum, der sich an die Grabkammer anschließt, gefunden. Carter bezeichnete diesen Raum als „Schatzkammer". Im Vordergrund sieht man das Modell eines Segelschiffes, das auf einer hölzernen Miniaturdarstellung einer Kornkammer liegt.

22 Mitte rechts In der Vorkammer befanden sich vier auseinandergelegte Wagen des Pharaos. Außerdem sind auf diesem Foto zwei der drei großen Bahren aus vergoldetem Holz zu sehen. Sie dienten als Rastplatz für die Seele des verstorbenen Königs. Darauf lagen kleinere Behälter aus bemaltem Holz. Unter der zweiten Bahre wurden ovale Behälter gefunden, die mit weißem Gipsmörtel bedeckt waren. Im Inneren befanden sich Lebensmittel für den Pharao.

23 oben Carter säubert den zweiten Sarkophag aus vergoldetem Holz. Er enthält Einlegearbeiten aus einer glasähnlichen farbigen Masse. Zuvor hatte der Forscher vorsichtig die Leinentücher entfernt, die den Sarg zusammen mit getrockneten Blumen und Olivenzweigen bedeckten.

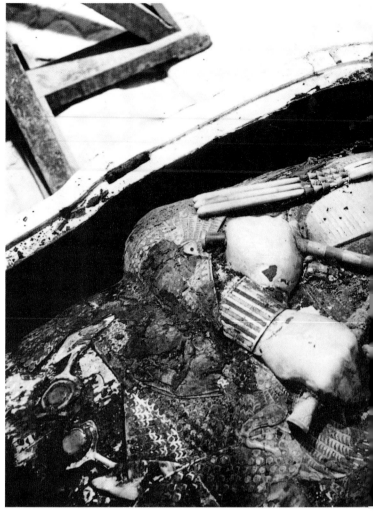

22–23 *Nach der Öffnung des zweiten Sarkophags aus vergoldetem Holz mittels eines komplizierten Verfahrens kam der dritte aus massivem Gold bestehende Sarkophag zum Vorschein, in dem sich die Mumie des Pharaos befand. Der dritte Sarkophag war wie die anderen beiden mit Leinentüchern bedeckt, auf denen Blumengirlanden, Blätter und Früchte lagen.*

23 oben *Carter säubert den zweiten Sarkophag aus vergoldetem Holz. Er enthält Einlegearbeiten aus einer glasähnlichen farbigen Masse. Zuvor hatte der Forscher vorsichtig die Leinentücher entfernt, die den Sarg zusammen mit getrockneten Blumen und Olivenzweigen bedeckten.*

22 unten *Howard Carter und sein Team verpacken die Fundstücke für den Transport mit größter Sorgfalt, um Beschädigungen zu vermeiden. Im Gegensatz zur Praxis manch anderer Archäologen seiner Zeit dokumentierte Carter jeden Schritt der Leerung des Grabes sehr detailliert.*

23 unten links *Eine kleine hölzerne Kapelle aus der „Schatzkammer" enthielt drei kleine mit Leinentüchern bedeckte Ritualfiguren aus vergoldetem Holz, die den König darstellen. Die erste der Figuren stellt Tutanchamun gehend dar. Die beiden anderen Figuren porträtieren ihn auf einem Papyrusboot bei der Jagd des Nilpferds von Seth. Dies greift das Thema des mythologischen Kampfes zwischen Horus und Seth auf.*

23 unten rechts *Carter und Callender öffnen die Türen der vier vergoldeten Holzschreine, die die königlichen Sarkophage enthielten. Die Tür zum ersten Schrein trug kein Siegel. Dies deutet auf einen versuchten Einbruch hin, der jedoch nicht zur Plünderung des Grabes führte. Die Türen der anderen Schreine waren unversehrt.*

23

DER BAU EINES KÖNIGSGRABES

Die Errichtung eines eigenen Grabes, des Ortes, an dem die Umwandlung und Wiedergeburt des verstorbenen Königs vor sich ging, war eines der wichtigsten Anliegen der Pharaonen.
Im allgemeinen wurde bereits im ersten Jahr der Herrschaft die Stelle des zukünftigen Grabes ausgewählt. Man arbeitete bereits jetzt einen Plan aus, in dem nicht nur die architektonischen Besonderheiten, sondern auch die Dekorationen, Gemälde und Texte verzeichnet waren, die die Wände schmücken sollten.

Anschließend machten sich der Baumeister und die Handwerker sofort an die Umsetzung. Die Handwerker lebten im Dorf von Deir el-Medina. Sie erreichten ihren Arbeitsplatz über einen Pfad, der über den Bergkamm führte. Der Pfad ist heute noch begehbar. Wieviele Arbeitstage für den Bau eines Grabes benötigt wurden, hing von der Größe des jeweiligen Grabes ab. Je länger ein Herrscher regierte, desto größer konnte das Grab werden.

24 oben Dieses Lot zum Ausrichten der Wände in der Horizontalen gehört zu einer Reihe von hölzernen Geräten, die von den Baumeistern der Gräber benutzt wurden. (Ägyptisches Museum, Kairo)

24–25 Das Grab Sethos' II. (Nr. 15), der gegen Ende der XIX. Dynastie regierte, zeigt schon sehr deutlich den in der XX. Dynastie üblichen linearen Stil. Die Wände des langgezogenen Grabes sind mit hervorragend ausgeführten Flachreliefs dekoriert.

25 oben links Beim Ausschachten der Gräber und der Gestaltung der Wände wurden hölzerne Hammer und Metallmeißel benutzt.

25 oben rechts Auf dieser Tonscherbe, die im Fitzwilliam Museum von Cambridge konserviert wurde, kann man einen Arbeiter mit den damals gebräuchlichen Werkzeugen erkennen.

25 Mitte Diese große Bürste wurde vermutlich benutzt, um eine dünne Schicht aus Ton und Kalk auf die Wände aufzubringen. Die letzte Schicht der Wand bestand aus einem Kalk-Wasser-Gemisch, das wohl ebenfalls mit einer Bürste dieser Art aufgebracht wurde. (Ägyptisches Museum, Turin)

25 unten Um gerade Linien zu ziehen, wurden diese mit einer Schnur umwickelten Stäbe benutzt. (Ägyptisches Museum, Turin)

Der Arbeitstag begann im Morgengrauen und dauerte acht Stunden, die von einer Essenspause nach vier Arbeitsstunden unterbrochen wurden. Während der zehn Tage dauernden Arbeitswoche gab es zwei Ruhetage. Zu diesen wöchentlichen Ruhetagen kamen noch viele weitere aufgrund der zahlreichen religiösen Feste. Außerdem wurden oft freie Tage aus persönlichen oder familiären Gründen gewährt.

Die Handwerker waren in Gruppen organisiert, die unter der Aufsicht eines Architekten arbeiteten. Das Team war wiederum in zwei Gruppen unterteilt, in die rechte und die linke Gruppe, die gleichzeitig nach dem Befehl von zwei Vorarbeitern in den entsprechenden Teilen des Grabes arbeiteten. Der Leiter des Teams, der ursprünglich vom Pharao selbst oder vom Wesir, einem als Premierminister fungierenden Würdenträger, bestimmt wurde, war für die Arbeit verantwortlich. Er überprüfte die Abwesenheitsgründe der Arbeiter und erstattete dem Wesir mittels eines speziell mit dieser Aufgabe betrauten Schreibers Bericht.

Die Schreiber, die eine wichtige und angesehene Rolle in der ägyptischen Gesellschaft spielten, waren auch mit der Entnahme von Nahrungsmitteln aus den Lagerhäusern des Pharaos betraut, die sie als Lohn an die Arbeiter verteilten. Außerdem mußten sie Streitigkeiten schlichten und waren mit der Gerichtsbarkeit im Dorf von Deir el-Medina betraut. Die Vorarbeiter ihrerseits mußten die Verteilung des Materials aus den Lagerhäusern kontrollieren und Anwesenheitslisten erstellen.

Die Arbeitergruppen bestanden nicht aus einer festen Mitgliederzahl, ihre durchschnittliche Stärke belief sich jedoch auf 30 bis 60 Personen. Diese Zahl konnte aber auch auf 120 Personen erweitert werden.

Die Arbeiter hatten besondere Pflichten: Steinmetze, Gipser, Bildhauer, Maler und Dekorateure arbeiteten Seite an Seite und gleichzeitig in einer Art Baukette. Die Steinbrucharbeiter waren die ersten. Während sie immer tiefer in den Berg vordrangen, glätteten die Gipser die Mauern der bereits aus dem Stein gehauenen Teile. Sie brachten eine Schicht *Muna*, eine Art Gips aus einer Mischung von Lehm, Quarz, Kalkstein und gepreßtem Stroh an, über die eine dünnere Schicht aus Lehm und Kalk gelegt wurde. Diese oberste Schicht wurde wiederum mit einer Gipsschicht geweißt.

Die Ausführung der von den Hohenpriestern in Übereinstimmung mit dem Pharao ausgewählten Dekoration lag in den Händen der Maler, die mit rotem Ocker arbeiteten. Sie unterteilten die Fläche, die bemalt werden sollte, mit Hilfe von einer an einem Stock befestigten Schnur in Rechtecke, um die Figuren und Texte richtig plazieren zu können. So konnten sie sicher sein, daß die richtigen Proportionen gemäß festgesetzter Regeln beachtet würden. Die Maler wurden von einem „Chefmaler" überwacht, der mit schwarzer Kohle notwendige Korrekturen vornahm.

Dann griffen die Bildhauer ein und bearbeiteten den Felsen mit Hammer und Meißel für ein Flachrelief, das später von den Malern mit sechs Grundfarben mit symbolischen und rituellen Bedeutungen gefärbt wurde.

ARCHITEKTUR UND DEKORATION DER GRÄBER

Der Plan der Königsgräber ist komplex. Jedes Grab besitzt eine besondere Gestalt. Es gibt aber auch gleichbleibende Elemente, wie die Treppe, den abfallenden Korridor, von dem aus sich Hallen öffnen, und die Grabkammer für den Sarkophag des Pharaos. Eine bedeutende architektonische Besonderheit unterscheidet mit einigen Ausnahmen die Gräber der XVIII. Dynastie von jenen der XIX. Dynastie: In der ersteren macht der abfallende Korridor gewöhnlich eine Kehre um 90°, bevor er in die Grabkammer führt, während er in der letzteren geradeaus verläuft.
Diese Tendenz zu linearer Entwicklung entlang der Hauptachse wird in den Gräbern der XX. Dynastie noch deutlicher und war vermutlich mit einer Veränderung in religiösen Auffassungen verbunden, nach denen der Aufbau des Grabes die Bahn der Sonne widerspiegeln sollte.
Die Szenen, die als Wandschmuck dienten, drehten sich nur um die Zeit nach dem Tod, wie zum Beispiel um die Reise, die der Pharao unternehmen mußte, um das Reich des Osiris, Gott des Jenseits, zu erreichen. Der Stil der Dekorationen variiert zwischen Papyrusimitationen und kunstvoll bemalten Flachreliefs. Die Texte bestehen überwiegend aus dem *Amduat-*, dem *Pforten-* und dem *Totenbuch* sowie aus der *Litanei des Re.* Diese Texte wurden mit Abbildungen kommentiert.
Die alten Ägypter glaubten, daß der Verstorbene ins Totenreich hinabstieg und dank der Anwendung der Zauberformeln aus den verschiedenen Büchern die zahlreichen Hindernisse, die ihm im Weg standen, überwand. Freundliche Gottheiten sollten ihm helfen in das Reich des Osiris zu gelangen. Die Grabkammer symbolisiert dieses ewige Reich. Alle Darstellungen an Wänden und Decken in den Königsgräbern haben somit eine religiöse Bedeutung: Sie sollten den Toten entweder bei seiner Fahrt durch die Unterwelt dienen, ihm die Stunden der Nacht ansagen oder den Verstorbenen mit den Göttern vereinigen.
Während die Grabungen in den tiefsten Teilen des Grabes weitergingen, waren die äußeren Teile praktisch fertig. Diese rationale Organisation der Arbeit ermöglichte deren unglaublich schnellen Verlauf. Obwohl die Gräber mit primitiven Werkzeugen erbaut

26 Mitte Der Gestaltungsplan eines königlichen Grabes wurde von den Priestern erstellt. Dargestellt wurden nur Themen mit religiöser Bedeutung. Die Texte in den Königsgräbern stammen vor allem aus dem *Amduat-*, dem *Pforten-* und dem *Totenbuch*. *Das Bild zeigt ein Detail aus dem* Amduatbuch *aus der Dekoration der westlichen Wand der Grabkammer von Tutanchamun (Nr. 62).*

26 oben Die Maler, die in der Endphase der künstlerischen Gestaltung eines Grabes eingesetzt wurden, verwendeten Farbpaletten mit kleinen Vertiefungen für die unterschiedlichen Farben. (Ägyptisches Museum, Kairo)

26 unten Der Bildhauer, der das Grab in der Technik der Flachreliefs gestaltete, benutzte dazu Grabmeißel. Nach Beendigung seiner Arbeit wurde das Relief geglättet und von Malern farbig gestaltet.

27 oben Jedes Grab wurde nach rituellen Gesichtspunkten geographisch ausgerichtet. Während des Baus eines Grabes markierten die Arbeiter oftmals die Hauptpunkte mit Zeichen für die jeweilige Himmelsrichtung. Im Grab von Haremhab (Nr. 57) wurde dieses Zeichen für „Westen" entdeckt.

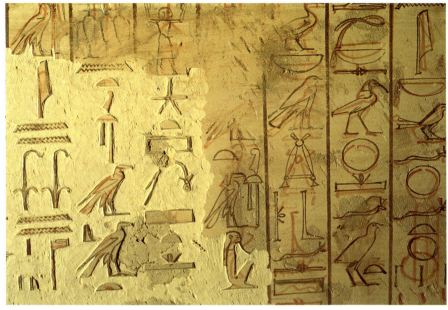

27 Mitte Das Grab von Haremhab (Nr. 57) und das von Sat-re (Nr. 38 im Tal der Königinnen) enthalten unvollständig gebliebene Wände. Somit bieten sie dem Betrachter die Möglichkeit, sich ein Bild von der Gestaltungstechnik zu machen. Man sieht hier wie mit Holzkohle der Bildabschnitt verbessert wurde. Der Bildhauer konnte anschließend, die berichtigten Zeichen und Bilder aus der Wand schlagen. Bevor die Maler die Farbe aufbrachten, wurde der Bereich mit Wasser und Kalk geweißt.

wurden, konnte ein Königsgrab innerhalb weniger Monate, größere und komplexere Gräber in nur sechs bis zehn Jahren fertiggestellt werden.

Die Söhne der Handwerker mußten ebenfalls mitarbeiten, sie waren jedoch mit einfacheren und nicht so ermüdenden Aufgaben betraut.

Diese Jungen arbeiteten in der Hoffnung, ihrerseits „Diener im Sitz der Wahrheit" zu werden, wie man die Handwerker von Deir el-Medina nannte.

Es wurden aber auch Sklaven eingesetzt, einfache Arbeiter, die den Handwerkern vom Pharao zur Verfügung gestellt wurden. Sie wurden mit den niedrigsten und anstrengendsten Arbeiten betraut. So mußten sie zum Beispiel Wasser tragen und den Gips oder die Fackeln für die Beleuchtung vorbereiteten. Die Fackeln bestanden aus Lehmbehältern – gefüllt mit Sesamöl und Salz oder mit Tierfett und Salz – in denen ein gedrehtes Leinenband schwamm. Vermutlich wurde das Salz zur Vermeidung von Rauch verwendet, der die Malereien beschädigt hätte.

DIE BEDEUTUNG DER FARBEN

FARBE	PIGMENT	BEDEUTUNG	ANMERKUNGEN
weiß	gypsum-huntite	Silber	auch verwendet als Hintergrund
blau	Cuprorivait/ ägyptisch blau	symbolisiert den Himmel und die himmlischen Götter	wurde künstlich durch Synthese gewonnen
gelb	ockergelb	Gold, das Fleisch der Götter	auch verwendet als Hintergrund.
schwarz	Kohle	Tod und ewiges Leben	
rot	roter Ocker	Feuer und Blut	stammt aus den Bergen von Theben
grün	Kupfer	Wiederherstellung	wurde künstlich durch Synthese gewonnen

27 unten Rot und Blau sind die am meisten benutzten Farben in den Gräbern. Rot wurde aus zerkleinerten ockerfarbenen Steinen, die Eisenoxyd enthielten, gewonnen. Blau wurde in einem synthetischen Verfahren hergestellt: Eine Mischung aus Kupfer, Salz, Kalzium und Sand wurde auf 700 °C erhitzt und mit einer Flüssigkeit aus Natrium und Salz vermischt.

DIE BESTATTUNG DES PHARAOS

Die Nachricht vom Tod des Pharaos wurde von den Handwerkern von Deir el-Medina allgemein mit Freude aufgenommen, nicht nur weil die Inthronisierung des neuen Königs neue Arbeit bedeutete, sondern auch weil nun das Grab des verstorbenen Pharaos schnellstmöglich fertiggestellt werden mußte. Diese Arbeiten boten eine weitere Gelegenheit für ein zusätzliches Einkommen. Normalerweise lagen zwischen dem Tod des Königs und seinem Begräbnis drei Monate: Diese Zeit benötigte man für das komplizierte Ritual der Einbalsamierung und Vorbereitung des Leichnams, der, nachdem er bis zu 70 Tage in Natron getaucht wurde, mit einer ersten Schicht aus sehr dünnen Leinenbinden umwickelt wurde, auf die an genau festgelegten Stellen Amulette gelegt wurden. Anschließend wurden diese Leinenbinden mit einer zweiten Schicht aus breiteren mit Harz und aromatischen Ölen getränkten Binden bedeckt.
Die Prozession, die vom königlichen Palast ausging, erreichte den Westen von Theben. Dort betrat sie „die Straße, wo Re steht", die zum Tal der Könige führte.
Der königlichen Mumie im Sarkophag folgten schreiende und weinende Frauen, während die Priester Weihrauch verbrannten und ihre Sistren schüttelten. Wenn man das Grab erreicht hatte, wurde der Sargkophag davor aufgerichtet. Der Hohepriester, manchmal auch der neue Pharao, vollzog das Ritual „der Mundöffnung". Hierbei wurde der Mumie der Mund geöffnet, damit der Verstorbene wieder sprechen, trinken und essen konnte.
Dann wurden die sterblichen Überreste in die Grabkammer getragen, wo bereits ein monumentaler Steinsarkophag vorbereitet worden war, auf den der schwere Deckel mit dem Hochrelief des Bildes des Königs gelegt wurde. Während Familie und Freunde mit dem Begräbnisbankett begannen, schlossen die Arbeiter den Eingang des Grabes hermetisch ab und befestigten die Siegel der Nekropole. Nicht immer war der Eingang zum Grab verborgen und die Wächter der Totenstadt, die neben der Straße zum Tal sationiert waren, überprüften regelmäßig die Siegel auf ihre Unversehrtheit hin und zeichneten das Ergebnis in sorgfältigen Berichten auf. Wenn das Grab einmal verschlossen und versiegelt war, durfte niemand mehr hinein. Das Tal selbst war ein verbotener Ort, wohin außer den Handwerkern und den Wachen niemand gehen durfte. Die Verehrung des toten Königs erforderte nie eine Rückkehr zum Ort des Begräbnisses und wurde weit weg, an den Ufern des Nil in den „Schlössern der Millionen Jahre" vollzogen. Dort war der verstorbene König mit der Ewigkeit und dem Gott Amun verbunden.

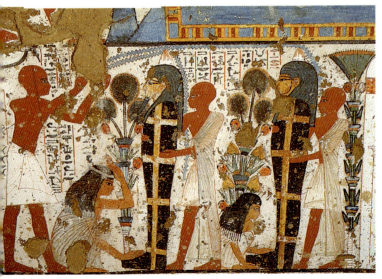

28 oben rechts Es gab zwei Arten von Grabsiegeln: Ein Siegel drückte man in das Mörtelbett an der Tür, das andere befestigte man mit Schnüren an Tonblöcken vor den Türen der Holzschreine.

28 Mitte links Die Siegel weisen verschiedene Darstellungen auf. Die Darstellung des schakalköpfigen Anubis gehörte meist dazu. Oftmals findet sich dort auch der königliche Name an der Seite, während unter Anubis meist neun bzw. vier Gefangene, mit gebundenen Händen dargestellt sind.

28–29 Diese Szene, die sich an der Ostwand der Grabkammer von Tutanchamun befand, zeigt den toten Pharao aufgebahrt in einem Schrein. Dieser wird mittels eines Schlittens von 12 Würdenträgern, unter ihnen die Wesire von Ober- und Unterägypten, gezogen. Man erkennt die Wesire an den schulterfreien Tuniken.

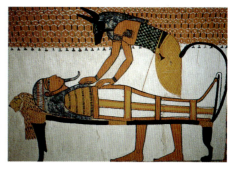

Die Gräber im Tal der Könige

Von den 64 heute bekannten Gräbern im Tal der Könige bargen nur ungefähr 20 Könige. Viele Gräber wurden nicht fertiggestellt, weil die Arbeiter auf unbrauchbare Felsformationen gestoßen waren. Manche Grabstätten im Tal bestehen nur aus ungeschmückten Gängen mit kleinen Räumen am Ende. Einige der Gräber wurden auch für Mitglieder der königlichen Familie verwendet.
Von den Königsgräbern sind im allgemeinen 15 für die Öffentlichkeit zugänglich. Zeitweilig sind einige allerdings wegen Restaurierungsarbeiten geschlossen.
Da die vollständige Beschreibung aller Gräber, die man im Tal der Könige besichtigen kann, den Rahmen dieses Führers sprengen würde, finden Sie im folgenden eine Auswahl, die nach dem künstlerischen Wert und dem allgemeinen Interesse getroffen wurde.

DYNASTIE	Nr.	Entdeckt im Jahr	Entdecker	Länge des Grabes
XVIII. DYNASTIE				
Thutmosis I.	38	1899	Loret	25 m
Thutmosis II.	42 ?	1900	Carter	50 m
Hatschepsut	20	1903	Carter	200 m
Thutmosis III.	34	1898	Loret	55 m
Amenophis II.	35	1898	Loret	60 m
Thutmosis IV.	43	1903	Carter	90 m
Amenophis III.	22	1799	Jollois/Devillier	100 m
Tutanchamun	62	1922	Carter	40 m
Eje	23	1816	Belzoni	55 m
Haremhab	57	1908	Ayrton	114 m
XIX. DYNASTIE				
Ramses I.	16	1817	Belzoni	29 m
Sethos I.	17	1817	Belzoni	100 m
Ramses II.	7	Antike		100 m
Merenptah	8	Antike		115 m
Sethos II.	15	?		72 m
Ammenemes	10	1907	Ayrton	75 m
Siptah	47	1905	Ayrton	90 m
Ta-wosret	14	Antike		110 m
XX. DYNASTIE				
Sethnacht	14	Antike		110 m
Ramses III.	11	Antike		125 m
Ramses IV.	2	Antike		66 m
Ramses V./VI.	9	Antike		104 m
Ramses VII.	1	Antike		40 m
Ramses IX.	6	Antike		86 m
Ramses X.	18	?		40 m
Ramses XI.	4	Antike		93 m

28 unten links In den Darstellungen eines königlichen Grabes findet sich das Beerdigungsritual nur sehr selten, während es in den Privatgräbern häufig zu sehen ist. Auf dieser Wandmalerei sieht man den Priester vor dem aufgerichteten Sarkophag, er vollendet gerade das Reinigungsritual, das dem Ritus der „Mundöffnung" vorangeht.

29 oben links Der wichtigste Augenblick des Beerdigungsrituals war die Zeremonie der „Mundöffnung". In diesem Ritual sollte dem Toten die Fähigkeit zum Sprechen und zur Nahrungsaufnahme zurückgegeben werden. Diese Szene an der nördlichen Wand des Grabes von Tutanchamun (Nr. 62) zeigt den Pharao im Angesicht von König Eje, der den Ritus der „Mundöffnung" vollzieht.

29 oben rechts In dieser Szene aus dem Privatgrab von Sennodjem (Nr. 1) ist Anubis, „der göttliche Einbalsamierer" dargestellt. Er bereitet die Mumifizierung des Leichnams vor.

DAS GRAB THUTMOSIS' III.

(Nr. 34)

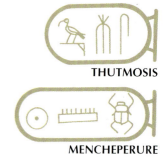

THUTMOSIS

MENCHEPERURE

Das Grab Thutmosis' III. liegt in einer engen Schlucht am Ende des Tals der Könige. Der Grabeingang, der in einer Höhe von ungefähr 30 m über dem Boden liegt, ist über eine bequeme Eisentreppe erreichbar.

Das Grab des großen Pharaos wurde 1898 von Victor Loret, dem damaligen Direktor des *Service de Antiquités de l'Egypte* entdeckt.

Thutmosis III. rechtmäßiger Nachfolger von Thutmosis II. wurde nach zweijähriger Regierungszeit von seiner Stiefmutter Hatschepsut, die sich zur Königin ernennen ließ, vom Thron verdrängt. Erst nach ihrem Tod konnte er die Herrschaft endgültig übernehmen.

Thutmosis III., ein außergewöhnlicher Herrscher, der zusammen mit Ramses II. als einer der größten Pharaos Ägyptens angesehen wird, war auch ein bedeutender Stratege, der glorreiche militärische Feldzüge führte und ein riesiges Reich festigte. Er eroberte in 17 Feldzügen Palästina und Syrien im Norden und legte die Südgrenze des Reiches in Nubien beim 4. Katarakt fest.

Unter seiner Herrschaft erhielt das Tal der Könige endgültig den Charakter einer königlichen Nekropole.

Über eine Treppe gelangt man in den ersten Korridor und über eine weitere Treppe erreicht man den zweiten Korridor. Dieser führt zum „Ritualbrunnen", an dem eine doppelsäulige Eingangshalle liegt, die zum Gang in einem Winkel von 90° angelegt und mit Darstellungen der Gottheiten geschmückt ist, die täglich die Sonne erzeugen.

Der Zweck des „Ritualbrunnens", eine Konstruktion, die man in vielen Königsgräbern findet, bildet den Gegenstand von Diskussionen. Es ist anzunehmen, daß diese Räume vor allem eine rituelle Bedeutung hatten. Es könnte eine Erinnerung an die Höhle des Sokaris sein, eines sehr alten Grabgottes und Beschützers des toten Königs. Er sollte möglicherweise die Grabkammer sowohl vor Entweihungen als auch vor den Fluten der wolkenbruchartigen Regengüsse schützen.

Vom Vestibül führt eine Treppe in die ovale Grabkammer. Zwei Pfeiler tragen die Decke des Raumes. An der östlichen und westlichen Seite befinden sich jeweils zwei Anbauten.

In der Grabkammer befindet sich der Sarg aus rotem Sandstein. Bilder und Texte an den Wänden stammen aus dem *Amduatbuch*, und an den Pfeilern findet man Darstellungen des Königs und seiner Familie. Beim *Amduatbuch* handelt es sich um eine Sammlung magischer und religiöser Texte, die aus 12 Teilen gemäß der 12 Stunden der Nacht bestehen. Die Texte beschreiben den Weg der Sonne durch die Unterwelt während der 12 Nachtstunden und versuchen das Geheimnis der nächtlichen Krafterneuerung der Sonne zu fassen.

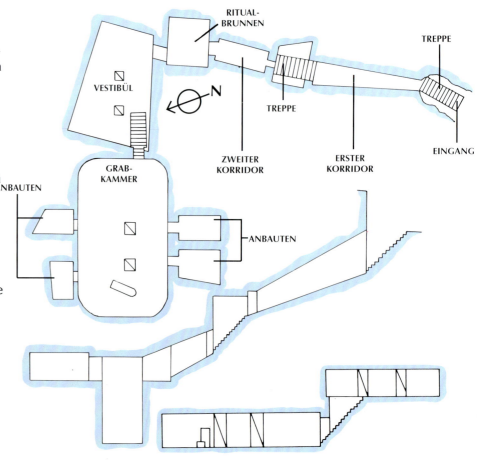

30 oben Diese vollendete Dioritstatue stellt Thutmosis III. dar, der ein großer Eroberer war: In 17 Feldzügen eroberte er Palästina und Syrien im Norden und legte die Südgrenze des Reiches in Nubien beim 4. Katarakt fest.

a) Deckengewölbe mit astronomischen Darstellungen
b) Szenen mit Gottheiten
c) Auf den Pfeilern Szenen mit Gottheiten und die Litanei des Re; an den Wänden Texte und Bilder aus dem Amduatbuch

A) Blick auf die Wände der Grabkammer, die die Form einer Unterweltshöhle hat. In Hieroglyphenschrift erscheinen hier Texte und Bilder aus dem Amduatbuch in Kursivstil, schwarz auf rotem Grund.

B) Die Darstellung des Pharaos, der von der Göttin Isis in Gestalt einer Sykomore gestillt wird. Daran anschließend erkennt man den Pharao, der das Zepter und die Zeremonienkeule in den Händen hält und von seinen Gemahlinnen Merit-re und Satioh sowie von seinen Töchtern begleitet wird.

ERSTER KORRIDOR
TREPPE
ZWEITER KORRIDOR
RITUAL-BRUNNEN
VESTIBÜL
TREPPE
GRABKAMMER
ANBAU
ANBAU
ANBAU
ANBAU

A
B
C

C) Gezeigt wird hier ein Ausschnitt der Litanei des Re. Es handelt sich um eine religiöse Textsammlung, die vermutlich genauso alt ist wie das Amduatbuch. In dem Werk werden die 75 Erscheinungsformen der Sonnengottheit bei deren Reise in die Unterwelt beschrieben.

D) Der Sarkophag des Königs aus rotem Sandstein befindet sich in der Grabkammer. Als das Grab 1898 von Victor Loret entdeckt wurde, lag der Deckel des Sarkophags zerbrochen auf dem Boden. Die Mumie von Thutmosis III. war schon 1881 von Gaston Maspero im „Versteck" von Deir el-Bahari gefunden worden. In der Detailaufnahme vom Sarkophag erkennt man die Göttin Isis auf einem neb-Symbol kniend.

D

DAS GRAB AMENOPHIS' II.

(Nr. 35)

A) An der Wand der Grabkammer sind Texte aus dem Amduatbuch niedergeschrieben. Die Wände ahmen Papyrus nach, da die Schrift in Kursivhieroglyphen erfolgte und der Hintergrund in der Farbe von frischem Papyrus getönt wurde. Der Text wurde im Gegensatz zur Praxis in vielen anderen Gräbern nicht als Flachrelief in die Wand eingraviert.

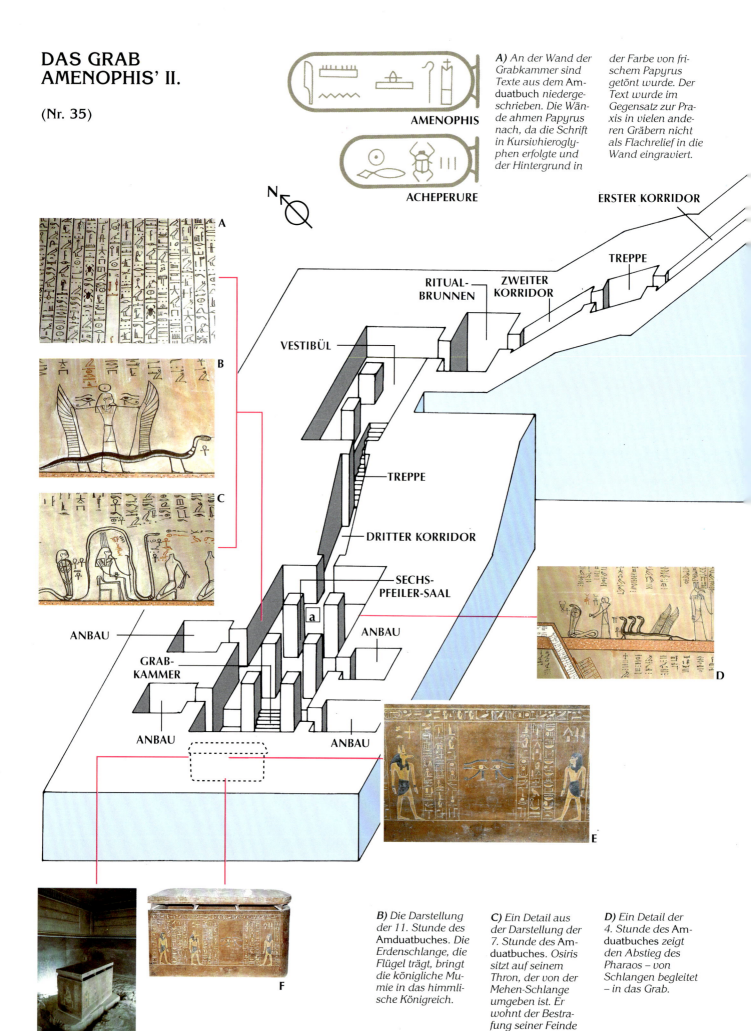

B) Die Darstellung der 11. Stunde des Amduatbuches. Die Erdenschlange, die Flügel trägt, bringt die königliche Mumie in das himmlische Königreich.

C) Ein Detail aus der Darstellung der 7. Stunde des Amduatbuches. Osiris sitzt auf seinem Thron, der von der Mehen-Schlange umgeben ist. Er wohnt der Bestrafung seiner Feinde bei.

D) Ein Detail der 4. Stunde des Amduatbuches zeigt den Abstieg des Pharaos – von Schlangen begleitet – in das Grab.

Das Grab Amenophis' II., Nachfolger des Thutmosis III., ist ohne Zweifel eines der Meisterwerke der Grabarchitektur der XVIII. Dynastie. Es wurde im März 1898 von Loret entdeckt. Wie andere Gräber im Tal war es schonungslos geplündert.
Die Konstruktion des Grabes ist komplex und seine Maße sind beeindruckend. Es weist viele Ähnlichkeiten mit dem Grab von Thutmosis III. auf. Die Folge der Korridore und Räume entspricht genau der des Grabes von Thutmosis III. Nur verlaufen hier die Linien gerade und die Winkel in 90°. In der Grabkammer befinden sich sechs Pfeiler. Auf diesen ist Amenophis II. im Angesicht der verschiedenen Totengötter (Anubis, Hathor, Osiris) dargestellt. Außerdem findet man hier den Sandsteinsarkophag, der die intakte Mumie des Pharaos enthielt. Die Mumie konnte bis 1928 im Grab besichtigt werden und wurde dann in das Museum von Kairo überführt.
Die Grabkammer wurde mit jeweils zwei seitlichen Anbauten an der Ost- und Westseite versehen. An den Wänden der Grabkammer wurden Texte und Bilder aus dem *Amduatbuch* verewigt. Durch die Kursivhieroglyphen und die Tönung des Hintergrunds gewinnt man den Eindruck, der Text sei auf Papyrus geschrieben. Die Decke zeigt gelbe Sterne auf blauem Grund.
In den westlichen Seitenanbauten, die mit einer Steinmauer sorgfältig verschlossen waren, machte Loret eine weitere außergewöhnliche Entdeckung: Hier befanden sich neun königliche Sarkophage mit den Mumien des Thutmosis IV., Amenophis III., Merenptah, Sethos II., Siptah, Sethnacht, Ramses IV., Ramses V. und Ramses VI. Die Sarkophage waren gegen Ende der XX. Dynastie, zur Zeit des Hohenpriesters Pinodjem I. hierher gebracht worden. In ähnlicher Weise handelte später Pinodjem II., als er entschied, die verbleibenden Sarkophage der Pharaos in das „Versteck" von Deir el-Bahari zu überführen.
Offen bleibt die Frage, weshalb die Grabplünderer die Mumie Amenophis' II. nicht schändeten, wie sie es üblicherweise taten, wenn sie nach Goldamuletten und anderen wertvollen Gegenständen suchten, die auf den Leichnam des Toten gelegt waren.

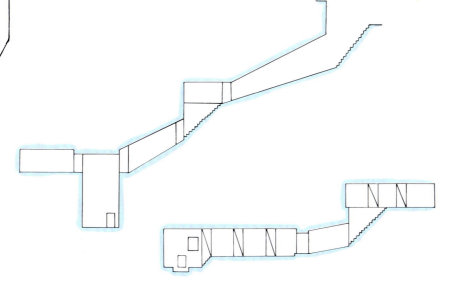

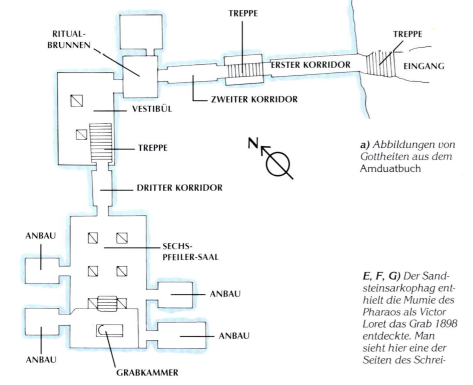

a) Abbildungen von Gottheiten aus dem Amduatbuch

E, F, G) Der Sandsteinsarkophag enthielt die Mumie des Pharaos als Victor Loret das Grab 1898 entdeckte. Man sieht hier eine der Seiten des Schreines mit den udjat-Augen mit bewahrenden Funktionen in der Mitte und den Gott Anubis in menschlicher Gestalt mit einem Schakalkopf.

DAS GRAB DES TUTANCHAMUN

(Nr. 62)

TUTANCHAMUN HEQAIUNUSHEMA

TUTANCHAMUN NEBCHEPERURE

Im November 1922 entdeckte Howard Carter das intakte Grab eines noch unbekannten Pharaos: das Grab von Tutanchamun. Carter, der im Auftrag von Lord Carnarvon arbeitete, erhielt von Gaston Maspero, dem Leiter des *Service Antquités de l'Egypte*, die Konzession für Grabungen im Tal der Könige. Seit 1917 leitete Carter die Ausgrabungen in dem Gebiet zwischen den Gräbern von Ramses II. und Ramses IV. Nach Jahren ergebnisloser Forschung entschied Lord Carnarvon 1921 das Projekt nicht weiter zu finanzieren. Er ließ sich aber schließlich von Carter zu einem letzten Versuch überreden: Ziel war es ein bereits entdecktes Arbeiterdorf freizulegen.

Am 4. November 1922 stieß schließlich ein Arbeiter auf eine Steinstufe. Sie erwies sich als die erste einer Treppe, die in den Berg hinabführte. Am 5. November, nachdem die Treppe freigelegt worden war, sandte Carter ein Telegramm an Lord Carnarvon, in dem er ihn bat, sofort zur Ausgrabungsstätte zu kommen. Am 23. November trafen Lord Carnarvon und seine Tochter Lady Evelyn am Ausgrabungsort ein. Carter und Lord Carnarvon durchbrachen die erste gemauerte Tür, auf die eine zweite, innere Tür folgte. Beide Türen trugen die Siegel der Nekropole und den Namen Tutanchamun.

Am 26. November 1922 gelang es Carter, im Beisein von Lord Carnarvon, dessen Tochter und Challender, einem Archäologen, ein kleines Loch in die zweite Tür zu bohren und das Innere des Grabes und die darin enthaltenen Schätze zu betrachten.

Es war das erste und bis heute einzige Königsgrab in der Geschichte der Ägyptologie, das praktisch unberührt aufgefunden wurde. Eine Untersuchung ergab allerdings, daß das Grab bereits zweimal, von Plünderer heimgesucht worden war, die glücklicherweise jedoch keine große Beute machten.

Die archäologischen Arbeiten im Grab von Tutanchamun dauerten mehrere Jahre und ermöglichten den Fund von ungefähr 3500 Gegenständen. Es handelt sich dabei um die bedeutendste archäologische Entdeckung, die jemals in Ägypten gemacht wurde. Das Grab weist den typischen Grundriß der Gräber der XVIII. Dynastie auf. Am Ende der Eingangstreppe führt ein kurzer Gang in die rechteckige Vorkammer mit kleinem Anbau. Über die Vorkammer gelangt man zur Grabkammer. An diese schließt sich die sogenannte „Schatzkammer" an.

Die Grabkammer, in deren Mitte der große gelbe Quarzitsarkophag steht, ist als einziger Raum des Grabes mit Malereien geschmückt. Im Quarzitsarkophag, an dessen Ecken vier Schutzgottheiten eingemeißelt sind (Isis, Nephthys, Selkis und Neith), befand sich ein hölzerner menschenförmiger Sarkophag, der mit Blattgold bedeckt war. Es handelte sich um den ersten, der drei ineinandergeschachtelten Sarkophage, deren innerer sich noch heute im Grab befindet und die Mumie des Königs enthält. Die Szenen an der Ostwand der Grabkammer beschreiben das Begräbnis von Tutanchamun.
An der Nordwand der Kammer ist die Zeremonie der „Mundöffnung" durch Eje, dem Nachfolger des Pharaos, dargestellt. Die anderen Gemälde an der Nordwand zeigen Tutanchamun mit seinem *ka* (Verkörperung der Seele, die die Lebenskraft darstellt) im Angesicht von Nut und Osiris. Die Zeichnungen an der Südwand stellen noch einmal den jungen König dar, der sich zwischen den Göttern Anubis und Hathor befindet. An der Westwand sind die Bilder der Unterwelt durch einige Affen angedeutet.

34 Bei diesem Miniaturmodell handelt es sich um eine besonders genaue Reproduktion des zweiten Sargkophags. Zusammen mit drei identischen Modellen wurde es im Baldachin-Schrein aus Kalkstein gefunden.

Dieser Schrein, der unter dem Schutz des Kebechsenuef – einem der vier Söhne des Horus – stand, enthielt die Kanopen mit den mumifizierten Eingeweiden des Königs. (Ägyptisches Museum, Kairo)

35 links Der zweite menschenförmige Sarkophag (hier Seitenansicht des Kopfes) besteht aus vergoldetem Holz. An der Stirn befinden sich ein Geierkopf und eine aufgerichtete Uräusschlange, beides Symbole der Schutzgötter Ober- und Unterägyptens, Uto und Nechbet. (Ägyptisches Museum, Kairo)

35 rechts Die berühmte Goldmaske des Pharaos wiegt 11 Kilogramm. Sie lag direkt auf der Mumie, die sich im dritten Sarg befand. Die Streifen aus blauer glasähnlicher Paste imitieren Lapislazuli. Um den Hals des Sarkophages liegt ein Halsband aus Halbedelsteinen und farbigem Glas. Die Augen bestehen aus Quarz und Obsidian.

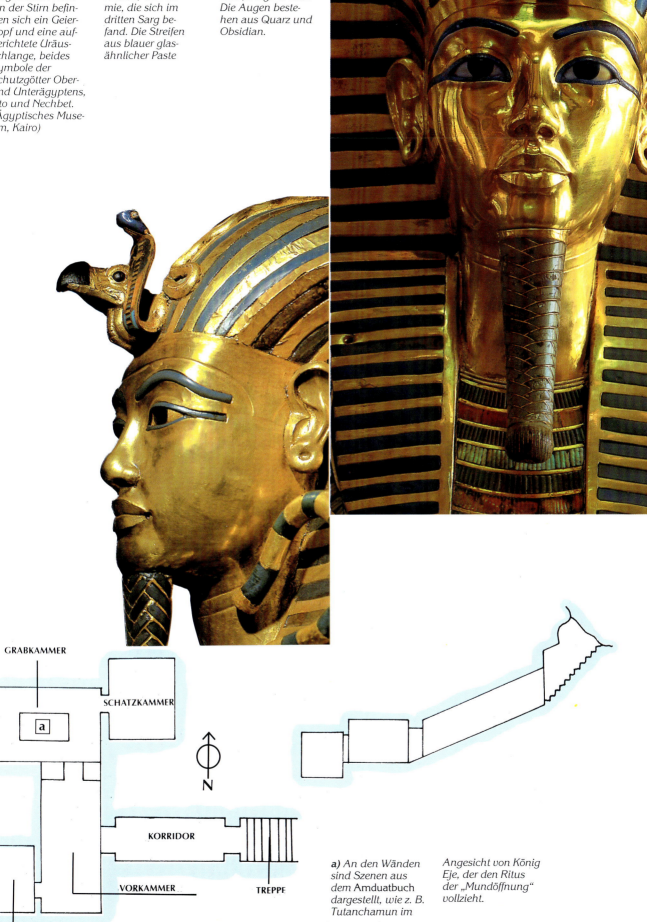

GRABKAMMER
SCHATZKAMMER
a
KORRIDOR
VORKAMMER
TREPPE
ANBAU

N

a) An den Wänden sind Szenen aus dem Amduatbuch dargestellt, wie z. B. Tutanchamun im Angesicht von König Eje, der den Ritus der „Mundöffnung" vollzieht.

35

A) In der Vorkammer befanden sich drei Bahren in Form von Tieren aus vergoldetem Holz, die drei Gottheiten symbolisieren: Isis Mehet (Löwin), Meheret Weret (Kuh) mit Hörnern zwischen denen die Sonnenscheibe ruht und Ammit (Nilpferdkopf und Krokodilskörper). Auf dem Foto sieht man Meheret Weret. (Ägyptisches Museum, Kairo)

B) Dieser kleine, vergoldete Schrein aus Holz wurde ebenfalls in der Vorkammer gefunden. Er diente vermutlich zur Aufbewahrung einer kleinen Statue des Königs, die bei einer Teilplünderung des Grabes verloren gegangen ist. Die Wände des Schreins sind mit Jagd- und Alltagsszenen versehen. (Ägyptisches Museum, Kairo)

C) Im Nebenraum des Grabes wurde dieser „Himmelsthron" gefunden. Er besteht aus Ebenholz mit Intarsien, aus Gold, Halbedelsteinen und einer mehrfarbigen, glasähnlichen Paste. Der obere Teil der Rückenlehne ist mit einer im Stil von Amarna geprägten Sonnenscheibe verziert. (Ägyptisches Museum, Kairo)

D) Der Thron des Tutanchamun besteht aus graviertem Holz. Er ist mit Blattgold bedeckt und mit Halbedelsteinen sowie einer mehrfarbigen glasähnlichen Paste verziert. Die Rückenlehne ist mit einer romantischen Szene in einem von der Amarna-Kunst geprägten Stil gestaltet. Die Königin Anchesenamun, steht vor dem Pharao und legt ihre Hand auf seine Schulter; die Strahlen des Sonnengottes Aton erleuchten das Königspaar und verleihen ihm Lebensenergie. (Ägyptisches Museum, Kairo)

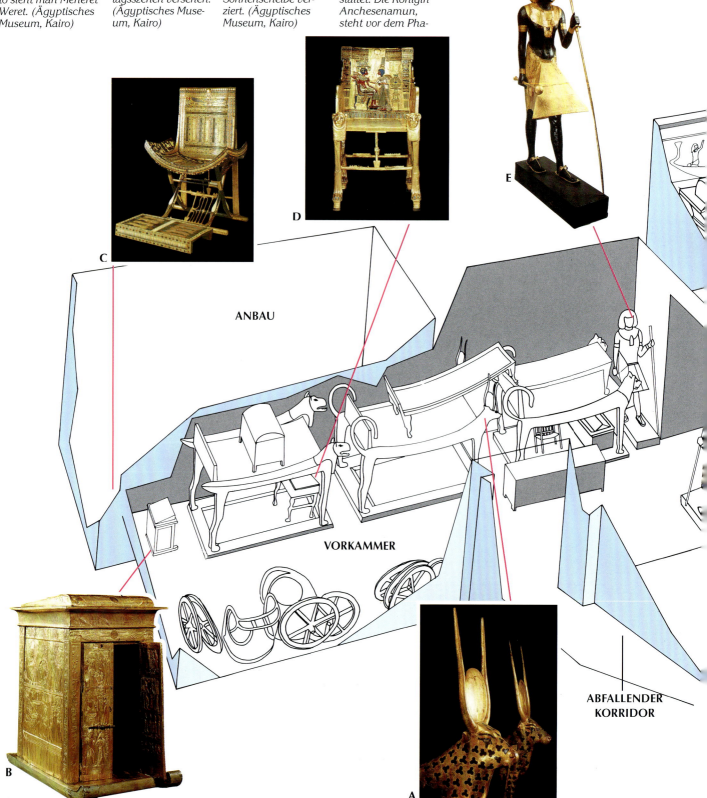

36

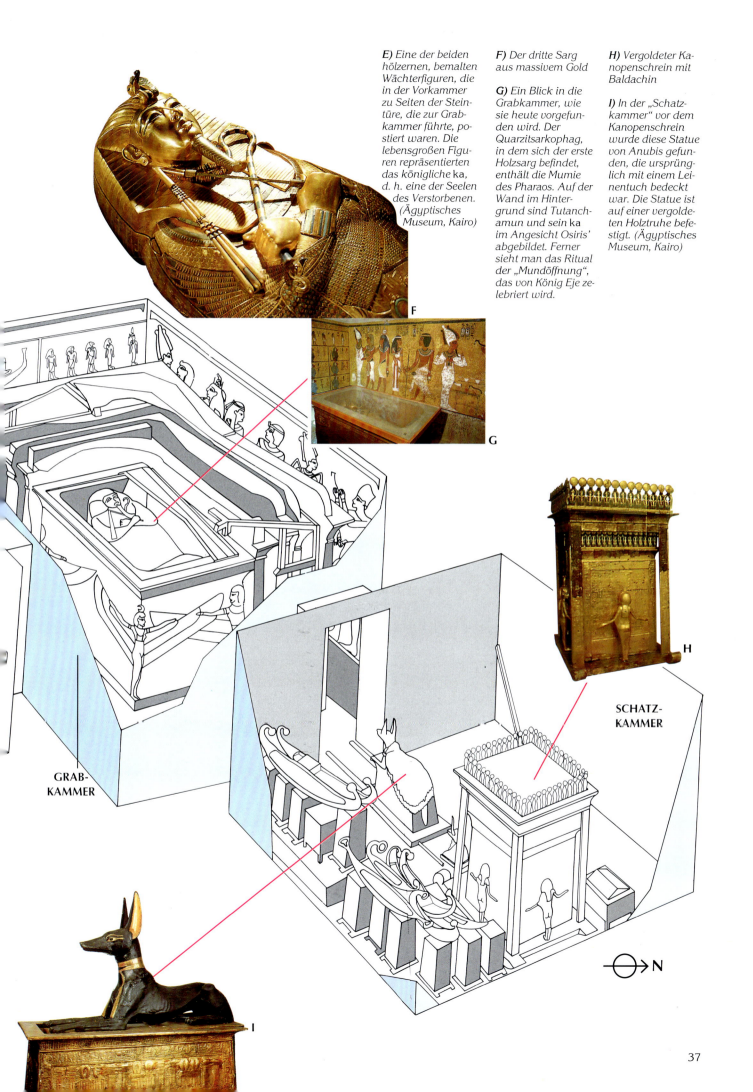

E) Eine der beiden hölzernen, bemalten Wächterfiguren, die in der Vorkammer zu Seiten der Steintüre, die zur Grabkammer führte, postiert waren. Die lebensgroßen Figuren repräsentierten das königliche ka, d. h. eine der Seelen des Verstorbenen. (Ägyptisches Museum, Kairo)

F) Der dritte Sarg aus massivem Gold

G) Ein Blick in die Grabkammer, wie sie heute vorgefunden wird. Der Quarzitsarkophag, in dem sich der erste Holzsarg befindet, enthält die Mumie des Pharaos. Auf der Wand im Hintergrund sind Tutanchamun und sein ka im Angesicht Osiris' abgebildet. Ferner sieht man das Ritual der „Mundöffnung", das von König Eje zelebriert wird.

H) Vergoldeter Kanopenschrein mit Baldachin

I) In der „Schatzkammer" vor dem Kanopenschrein wurde diese Statue von Anubis gefunden, die ursprünglich mit einem Leinentuch bedeckt war. Die Statue ist auf einer vergoldeten Holztruhe befestigt. (Ägyptisches Museum, Kairo)

GRABKAMMER

SCHATZKAMMER

38 links und oben rechts Tutanchamun, dessen Geburtsname Tutanchaton lautete, war der Sohn von Amenophis IV., dem häretischen Pharao, welcher nur die Verehrung des Gottes Aton, des Sonnengottes, erlaubte. Um sich von der Priesterschaft von Theben abzusetzen, verlegte er seine Residenz von Theben nach Amarna. Tutanchaton bestieg im Jahr 1333 v. Chr. den Thron. Er nahm den Thronnamen Nebcheperure an und änderte seinen Geburtsnamen während seiner Regentschaft in Tutanchamun um. Er starb im Alter von etwa 19 Jahren unter mysteriösen Umständen.

38 unten rechts Der große Quarzitsarkophag, in dem sich die drei menschenförmigen Sarkophage befinden, steht heute noch immer in der Grabkammer. An den vier Ecken ist er mit Schutzgottheiten, die ihre Schwingen ausbreiten, versehen: Nephthys – sie ist auf dem Bild zu sehen –, Isis, Selkis und Neith.

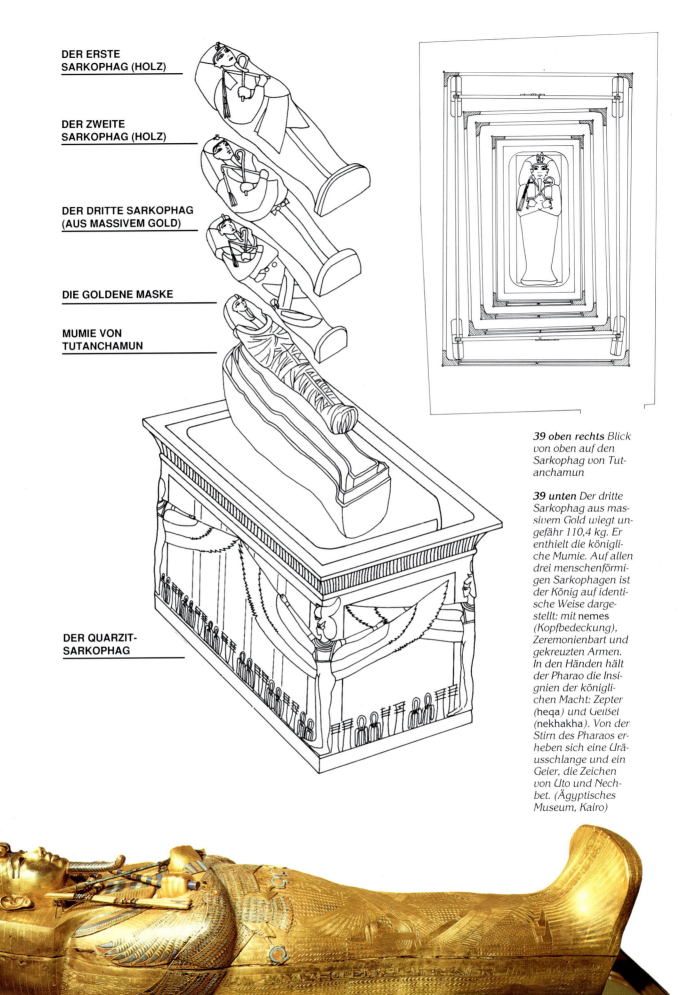

DER ERSTE SARKOPHAG (HOLZ)

DER ZWEITE SARKOPHAG (HOLZ)

DER DRITTE SARKOPHAG (AUS MASSIVEM GOLD)

DIE GOLDENE MASKE

MUMIE VON TUTANCHAMUN

DER QUARZIT-SARKOPHAG

39 oben rechts Blick von oben auf den Sarkophag von Tutanchamun

39 unten Der dritte Sarkophag aus massivem Gold wiegt ungefähr 110,4 kg. Er enthielt die königliche Mumie. Auf allen drei menschenförmigen Sarkophagen ist der König auf identische Weise dargestellt: mit nemes (Kopfbedeckung), Zeremonienbart und gekreuzten Armen. In den Händen hält der Pharao die Insignien der königlichen Macht: Zepter (heqa) und Geißel (nekhakha). Von der Stirn des Pharaos erheben sich eine Uräusschlange und ein Geier, die Zeichen von Uto und Nechbet. (Ägyptisches Museum, Kairo)

40 oben Besonders ausgefeilte Jagdszenen und Szenen aus dem täglichen Leben des Regenten, die den Einfluß der Amarna-Kunst zeigen, dekorieren die Wände des kleinen 50 cm hohen Schreins, der in der „Schatzkammer" gefunden wurde. Tutanchamun und seine Gemahlin Anchesenamun werden bei der Jagd gezeigt. In der unteren Szene sitzt der König auf einem Stuhl mit hoher Lehne. Er schießt mit einem Bogen auf Vögel, die aus einem Papyrusdickicht auffliegen. Seine Frau reicht ihm einen Pfeil. (Ägyptisches Museum, Kairo)

40 unten links Die vergoldete Holzstatue zeigt Sokaris, eine Totengottheit, in der Gestalt eines Falken. Sokaris hatte die Aufgabe den Toten zu schützen. Diese Statuette gehört zu einer Gruppe von 32 Figuren, die in der „Schatzkammer" gefunden wurden und hauptsächlich Gottheiten darstellen. (Ägyptisches Museum, Kairo)

40 unten rechts Das Detail des dritten aus massivem Gold bestehenden Sargkophages zeigt die Göttin Isis, die ihre Schwingen schützend ausbreitet. (Ägyptisches Museum, Kairo)

41 oben links Ein goldener Fächer, der mit einer Jagdszene verziert ist. Der Pharao steht auf seinem von zwei feurigen Pferden – die nach dem verzeichneten Text so kräftig wie Bullen sind – gezogenen Wagen und jagt Strauße. Zwei Diener tragen auf ihren Schultern einige Vögel, die schon geschossen worden sind. (Ägyptisches Museum, Kairo)

41 oben rechts Der kurze Dolch mit einer goldenen Klinge und einem Griff, der mit Goldgranulat, Streifen aus glasähnlicher Paste und eingelegten Halbedelsteinen verziert ist, zeigt ein florales Motiv. Auf der Scheide sieht man Reliefdarstellungen von Ochsen, Rindern und einem Bullen, der von einem Hund und einem Leoparden angegriffen wird. (Ägyptisches Museum, Kairo)

41 unten links Diese vergoldete hölzerne Statuette zeigt Tutanchamun bei der Jagd eines Nilpferdes mit einer Harpune von einem Papyrusboot aus. Wie andere war diese Figur ursprünglich mit Leinentüchern umwickelt, die nur den Kopf frei ließen. Die dargestellte Szene, in der der Pharao als Bewahrer der Ordnung der Welt ein Nilpferd – Inkarnation des Chaos und der Macht des Bösen – mit dem Speer aufspießt, erinnert an den legendären Kampf des Horus gegen Seth. (Ägyptisches Museum, Kairo)

41 unten rechts Die vergoldete Holzstatue der Göttin Sechmet, die von der Sonnenscheibe überragt wird. Sechmet gilt als Beschützerin der königlichen Macht des Pharaos und ist verantwortlich für Gesundheit und Krankheit. (Ägyptisches Museum, Kairo)

42 oben Das Bild zeigt ein Brustschild in der Form eines Falken, der seine Schwingen ausbreitet. Auf seinem Kopf befindet sich die göttliche Sonnenscheibe. Die sich in seinen Klauen befindlichen shenu-Zeichen symbolisieren Stärke und Ewigkeit. Das Hieroglyphenzeichen für Leben in Form eines Henkelkreuzes, genannt anch, ist über den Klauen zu sehen.

42 Mitte Das Bild zeigt ein weiteres Brustschild in Form eines mit Schwingen versehenen Skarabäus, der die Sonnenscheibe hält. Der Skarabäus war im alten Ägypten ein Symbol des Sonnengottes Re, bei seinem Aufgang am Morgen. Der Skarabäus steht auf dem Hieroglyphenzeichen lll das über dem Symbol neb angebracht ist. Diese Kombination bildet den Thronnamen des Pharaos: Nebcheperure. (Ägyptisches Museum, Kairo)

42 unten links Ohrringe aus Gold, die mit polychromen Glasstücken versehen sind. (Ägyptisches Museum, Kairo)

42 unten rechts Der abgebildete Kopf aus Alabaster verschloß einst eine von vier Kanopen, die nach dem Bildnis des Pharaos modelliert waren. In den Alabasterkanopen befanden sich vier kleine Sarkophage, die die mumifizierten Eingeweide des Königs enthielten. (Ägyptisches Museum, Kairo)

43 oben links Abgebildet ist ein goldenes Behältnis für Duftöle in Form einer dopppelten Kartusche. Über der Kartusche ist die Sonnenscheibe zu sehen, ebenso wie an den Seiten. Außerdem wird der König zu unterschiedlichen Zeiten seines Lebens dargestellt: als junger Mann, als Erwachsener, als Toter und als Wiedergeborener im Jenseits. Auf der Fotografie ist er als junger Mann und im jenseitigen Leben zu sehen. (Ägyptisches Museum, Kairo)

43 Mitte Dieses Brustschild in der Form eines Schreins mit einem Geier, der seine Flügel ausbreitet und in den Klauen zwei shenu-Zeichen hält, wurde von Carter in der „Schatzkammer" gefunden. Die Analyse der ungewöhnlich angeordneten Hieroglyphen ergab, daß dieses Schild ursprünglich für Pharao Echnaton hergestellt und später für seinen Sohn Tutanchamun verwendet wurde. (Ägyptisches Museum, Kairo)

43 unten links Dieses Objekt von großer Schönheit wurde von Carter inmitten von Trümmern im abfallenden Gang gefunden. Eine hölzerne und bemalte Lotusblume wird vom Kopf des Pharaos gekrönt. Nach dem Glauben der alten Ägypter wurde die Sonne aus der Lotusblume geboren, somit stellt dieses Objekt die Wiedergeburt des Pharaos Tutanchamun symbolhaft dar. (Ägyptisches Museum, Kairo)

43 unten rechts Das Modell eines Zeremonialschiffes ist ungewöhnlicherweise von zwei Steinbockköpfen an Bug und Heck verziert. Es ruhte ursprünglich auf einem kleinen Alabasterbecken. Vier lotusförmige Säulen mit doppeltem Kapitell tragen einen Baldachin unter dem eine Art Sarkophag ruht. Am Heck steuert eine nackte Frau das Boot. Eine nackte Frau am Bug des Schiffes hält in ihren Händen eine Lotusblume. Die Bedeutung dieses Schiffes ist bisher noch nicht geklärt. (Ägyptisches Museum, Kairo)

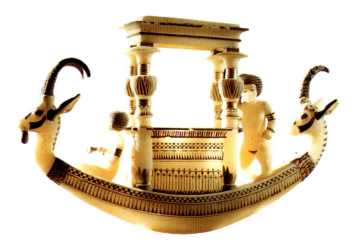

DAS GRAB DES EJE

(Nr. 23)

EJE

CHEPERCHEPERURE

A) Die vertikalen Textspalten enthalten Textabschnitte aus dem Amduatbuch. Im oberen Teil des Wandbildes erkennt man deutlich zwei Boote. Das erste Boot trägt die Darstellung eines Falken, dem Zeichen der Göttin Nephthys. Vor dem zweiten mit Menschen besetzten Boot, zu denen auch der Pharao gehört, steht Maat, die Göttin der Gerechtigkeit.

B) Die Abbildung zeigt vier Gottheiten – vermutlich die vier Söhne des Horus – vor einem Tisch mit Gaben sitzend.

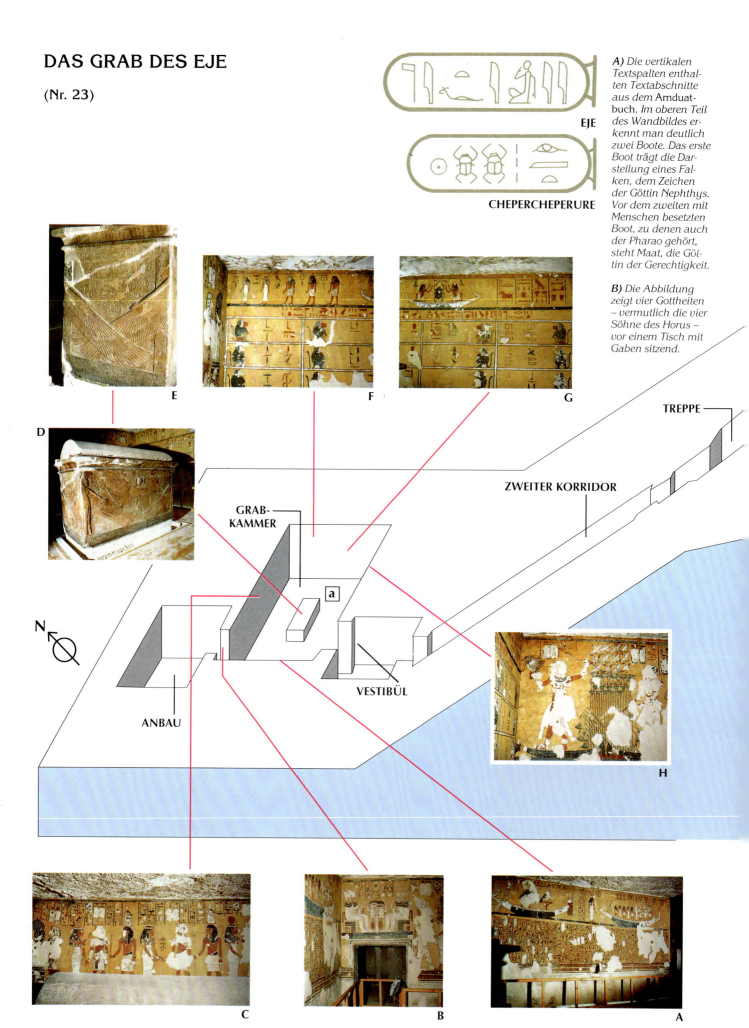

C) Eje und sein ka im Angesicht von Osiris und den Göttinnen Hathor-Imentet und Nut, die einen Ritus namens njnj zur Aufnahme in die Unterwelt vollziehen.

D, E) Der abgebildete Quarzit-Sarkophag ähnelt in Form und Dekoration dem von Tutanchamun. An den Ecken sind ebenfalls die vier Gottheiten, Isis, Nephthys, Selkis und Neith dargestellt.

Das Grab von Eje, dem Nachfolger Tutanchamuns, befindet sich im westlichen Tal. Es liegt etwa zwei Kilometer vom Eingang in das Tal entfernt und ist erst seit kurzem für die Öffentlichkeit zugänglich.

Das Grab, das bereits in der Antike geplündert worden war, wurde im Jahr 1816 von Belzoni entdeckt. Der Forscher gravierte seinen Namen und das Datum der Entdeckung in den Felsen auf der Seite des Eingangs ein. Im Inneren fand der Reisende aus Padua nur Fragmente eines Sarkophags, während die Mumie des Königs nie gefunden wurde.

Das Grab des Eje hat einen linearen architektonischen Aufbau, der in besonderer Weise den typischen Grundriß der Gräber der XX. Dynastie vorwegnimmt. Eine absteigende Treppe führt zum ersten Korridor, eine zweite Treppenflucht ermöglicht den Zugang zum zweiten Korridor, der wiederum in einem Vestibül vor der Grabkammer endet. An die Grabkammer ist ein kleiner Anbau angeschlossen.

In der Grabkammer befindet sich die einzigartige Darstellung einer Jagdszene. Ferner enthält das Grab ein dekoratives Muster, das schon im Grab von Tutanchamun gefunden wurde und eine Darstellung von 12 Pavianen zeigt, die auf einer der Mauern der Grabkammer die Nachtstunden symbolisieren. Deshalb wird das Grab auch „Affengrab" genannt.

F, G) Wie auch im Grab von Tutanchamun sind die Wände des Grabraumes mit Textauszügen aus dem Amudatbuch und den dazugehörigen Darstellungen versehen. Auf dem Foto ist die Sonnenbarke des Chepre, dem fünf weitere Gottheiten vorangehen, zu sehen. Die 12 als Paviane abgebildeten Gottheiten repräsentieren die 12 Stunden der Nacht.

H) Der Pharao, dessen Bildnis zerstört ist, wird in diesem Wandbildausschnitt auf einem Papyrusboot stehend bei der Vogeljagd gezeigt.

a) Abgebildet ist eine Vogeljagd aus dem Amduatbuch.

DAS GRAB DES HAREMHAB

(Nr. 57)

HAREMAHAB MERYAMUN

ZESERCHEPERURE SETEPENRE

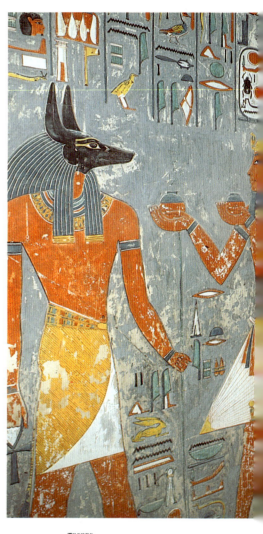

Das Grab des Haremhab, des Nachfolgers von Eje, wurde im Februar 1908 von dem jungen britischen Ägyptologen Edward Ayrton entdeckt, der unter der Anweisung von Theodore Davis arbeitete. Haremhab hatte, bevor er selbst den Thron bestieg, am Hof Amenophis' IV. gedient, ebenso unter Tutanchamun und schließlich unter Eje.

Der General Haremhab stammte aus Mittelägypten und war mit dem Königshaus nicht verwandt. Durch die Hochzeit mit einer Schwester der Nofretete gelangte er jedoch auf den Thron und bekämpfte als König mit strengen Sondergesetzen die Korruption. Außerdem ordnete er das Heerwesen neu und schuf die Grundlage für die Wiederaufrichtung des Weltreiches in der folgenden Dynastie.

Der Pharao ließ aus den Trümmern eines Tempels von Amenophis IV. und dessen Sohn Tutanchamun den 9. Pylon des Amuntempels erbauen. Ebenso wurde der 10. Pylon auf Befehl von Haremhab aus den Bausteinen eines niedergerissenen Tempels des Amenophis IV. errichtet. Bevor Haremhab die Königswürde erlangte, hatte er sich bereits ein Grab errichten lassen, das er jedoch nach seiner Inthronisation zugunsten eines Grabes im Tal der Könige aufgab. Im Grab des Haremhab erscheinen erstmals Texte und Abbildungen aus dem *Pfortenbuch*, das den Weg der Sonne über den Nachthimmel beschreibt. Im Unterschied zum *Amduatbuch* legt es die Akzente jedoch auf die Tore (Pforten), die, von Ungeheuern bewacht, jede Stunde dem Sonnengott den Weg versperren und nur durch die richtigen Zauberformeln überwunden werden können.

In das Grab gelangt man über eine absteigende Treppe, die im ersten Korridor endet, der von einer zweiten Treppe abgeschlossen wird. Diese bildet den Ausgangspunkt zum zweiten Korridor, der zum „Ritualbrunnen" führt. An dessen Wänden befinden sich die ersten Gemälde des Grabes mit der Darstellung zweier Gruppen von Gottheiten: Hathor, Isis, Osiris und Horus auf der linken und Hathor, Anubis, Osiris und Horus auf der rechten Seite. Das Grab wird mit einem Zwei-Pfeiler-Saal weitergeführt. Von dort gelangt man über eine Treppe

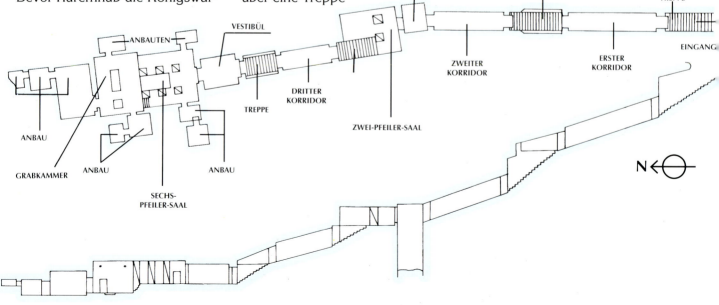

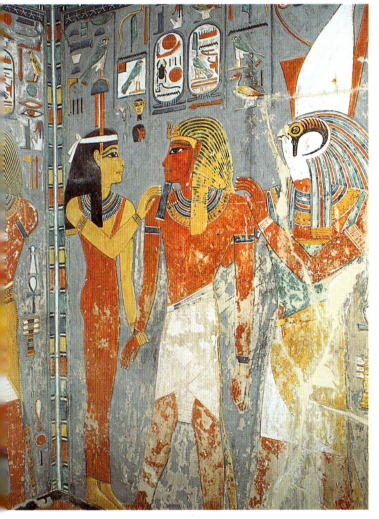

in den dritten Korridor, der wiederum über eine Treppe in das Vestibül führt. Daran schließt sich die Grabkammer mit sechs Pfeilern an. An der Grabkammer befinden sich zu drei Seiten insgesamt acht Anbauten. Die Wände dieses Raumes zeigen Szenen aus der fünften Stunde des *Pfortenbuches* mit einer Abbildung des Osiris, in dessen Gegenwart neun Personen getragen werden. Der Granitsarkophag befindet sich noch heute in der Grabkammer. Einer der interessantesten Aspekte des Grabes von Haremhab ist, daß viele Wanddekorationen in unterschiedlichen Arbeitsstadien unterbrochen wurden. Auf diese Weise erhält man eine genaue Vorstellung von den Techniken, die die Künstler von Deir el-Medina anwendeten. An gewissen Punkten sind die Zeichnungen nur im Entwurf vorhanden, an anderen kann man die Tafeln sehen, die für die Berechnung der Proportionen der Illustrationen benutzt wurden, oder die Korrekturen des „Chefmalers".

An anderen Stellen sieht man das Stadium der Arbeit beim Herausmeißeln des später zu bemalenden Flachreliefs aus der Gipsschicht.

Die Tatsache, daß das Grab nicht fertiggestellt wurde, ist schwer nachvollziehbar, wenn man bedenkt, daß Haremhab 27 Jahre regierte.

46 oben Zahlreiche Teile des Grabes von Haremhab wurden in einem unvollendeten Zustand gefunden. Auf diesem Bild ist der grau-blaue Hintergrund, der charakteristischen Farbe des Grabes, nicht ganz fertiggestellt. Der halbfertige Zustand des Grabes gibt den Forschern Rätsel auf, da das Grab nicht in aller Eile errichtet werden mußte, denn Haremhab regierte 27 Jahre. Der Baubeginn erfolgte im allgemeinen im ersten Jahr der Regentschaft.

46–47 In dieser doppelten Szene in der süd-östlichen Ecke des Vestibüls zelebriert Haremhab ein Weinopfer für Anubis. Er hält ihm zwei rituelle Gefäße entgegen. In der rechten Bildhälfte steht der Pharao zwischen Hathor-Imentet und Harsiesis.

47 oben links Der Pharao im Angesicht von Harsiesis, der hier wie Horus, „Sohn der Isis", mit einem Falkenkopf und menschlichem Körper dargestellt wird. Er trägt die Doppelkrone von Unter- und Oberägypten.

47 oben rechts In dieser Bildfolge auf der westlichen Wand des Vestibüls wird der Pharao bei Opferzeremonien im Angesicht von Hathor-Imentet, Harsiesis, Isis und Anubis gezeigt.

47 unten Der Blick in das Vestibül zeigt an den Seiten der Tür den Pharao vor Hathor-Imentet auf der rechten Seite und vor Harsiesis links.

A) Diese Detailaufnahme aus dem Deckengewölbe der Grabkammer mit astronomischem Inhalt symbolisiert das Himmelsgewölbe.

B) Die Texte in den vertikalen Kolumnen geben Abschnitte aus dem Pfortenbuch wieder. Die Texte handeln von den 12 Toren, die man beim Eintritt in die Nachwelt zu durchschreiten hatte, und symbolisieren so die 12 Stunden der Nacht. Im oberen Bildabschnitt erkennt man den widderköpfigen Re, der in seiner Sonnenbarke durch die Welt der Toten fährt. Der untere Bildabschnitt zeigt Atum vor vier am Boden liegenden Geschöpfen. Der zugehörige Textabschnitt besagt, daß es sich hier um Menschen handelt, die erschöpft sind. Vermutlich werden hier die vier Elemente verkörpert, die auf der Erde nötig sind, jedoch nicht im Jenseits.

C) Das Bild zeigt ein Detail des Sarkophags von Haremhab.

A

C

B

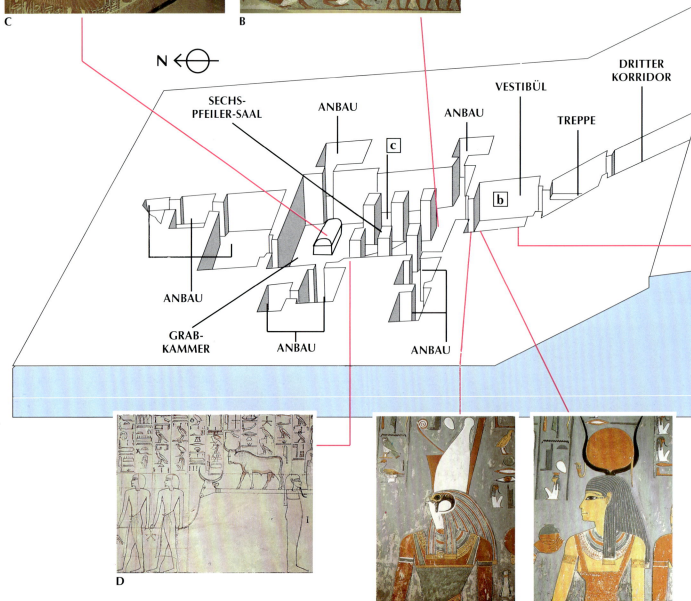

48

I) Dieser von Belzoni in der Grabkammer entdeckte Sarkophag aus Alabaster mit Texten aus dem Pfortenbuch wurde nach London transportiert. Da das Britische Museum die Annahme des Fundes verweigerte, wurde er der Privatsammlung von Sir John Soane zur Verfügung gestellt, in der er sich heute noch befindet.

J) Die 4. Stunde des Pfortenbuches handelt von der ewigen Verdammnis der Bösen, die in das Feuer geworfen werden.

K) In der süd-östlichen Ecke des Vier-Pfeiler-Saales findet sich diese Darstellung der 5. Stunde des Pfortenbuches. Eine große Schlange schlängelt sich um einige mit einer weißen Tunika bekleidete Personen, es handelt sich dabei um die auferstandenen Mumien.

L) Die Barke von Re wird hier während ihrer nächtlichen Fahrt gezeigt.

Hauptszenen

a) Litanei des Re

b) Darstellungen aus dem Amduatbuch, Litanei des Re

c) Amduatbuch

d) Szenen mit Gottheiten

e) Pfortenbuch und Götter

f) Amduatbuch

g) Ritual der „Mundöffnung"

h) Ritual der „Mundöffnung"

i) Szenen mit Gottheiten

j) Pfortenbuch, Amduatbuch und das Himmelsgewölbe

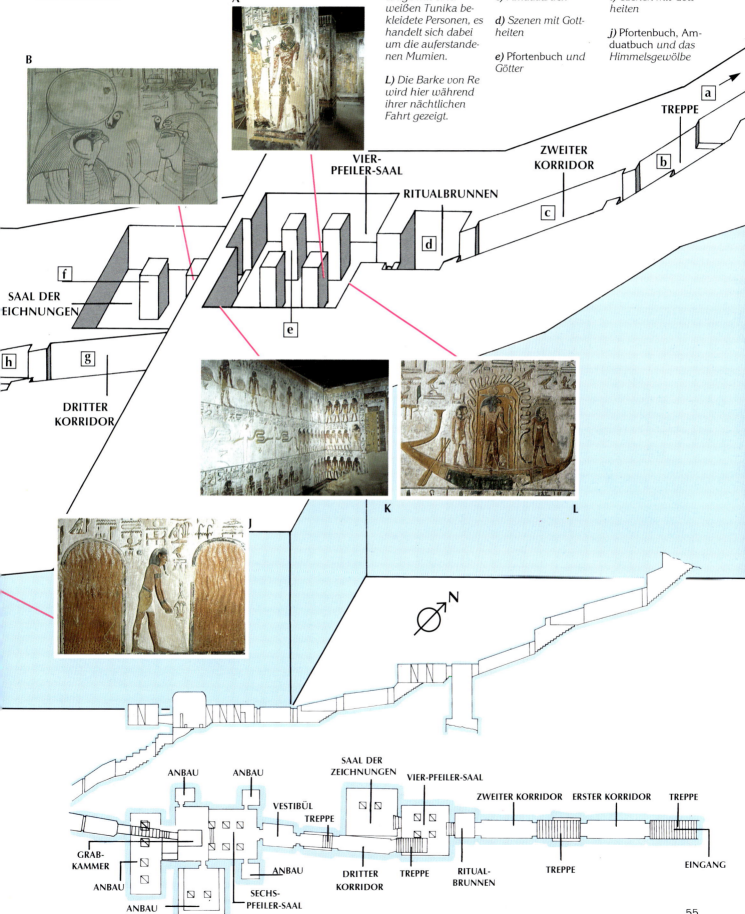

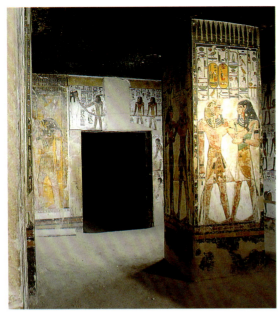

56 oben links Der Blick in den Vier-Pfeiler-Saal zeigt Sethos vor Atum.

56 oben rechts Die königlichen Kartuschen enthalten Geburts- und Thronnamen des Pharaos Menmaatre und Sethos.

56–57 Die süd-westliche Wand der Grabkammer zeigt Illustrationen der 2. Stunde des Amduatbuches.

57 oben Vier Gottheiten ziehen die Barke von Re auf seiner Reise durch die Nacht. Das Bild zeigt nur die ziehenden Gottheiten.

57 unten Dieses Detail aus dem Vier-Pfeiler-Saal zeigt einen Priester, der mit einem Löwenfell, erkennbar am Löwenkopf, bekleidet ist.

DAS GRAB DES MERENPTAH

(Nr. 8)

MERENPTAH HETEPHERMAAT

BAENRE-MERINETJERU (MERIAMUN)

Das Grab des Merenptah, dem Sohn Ramses' II. und der Königin Isis-Nofret, bekannt seit der Antike, liegt in einem kleinen Seitental auf der rechten Seite des Hauptwadis, nicht weit vom riesigen Grab seines Vaters (Nr. 7) entfernt. Das Grab, das zu Beginn des Jahrhunderts voll Trümmer lag, wurde im Jahre 1903 von Carter ausgegraben, der nur kärgliche Teile der Grabausstattung fand.

Diese in architektonischer und dekorativer Hinsicht interessante Grabstätte markiert eine Weiterentwicklung der Grabarchitektur. Es handelt sich um den Übergang zwischen den komplexen Gräbern der XIX. Dynastie und den geradlinigen der XX. Dynastie mit einer abnehmenden Zahl an Seitenanbauten und einem deutlichen Anwachsen der Höhe der Korridore und Räume.

Der Grundriß ist einfach und umfaßt fünf Korridore, wobei der zweite von einer Treppe geteilt wird. Sie führt in den dritten Korridor, der in den „Ritualbrunnen" mündet. Dieser befindet sich vor einer Halle mit einem Zwei-Pfeiler-Anbau, in der der Deckel

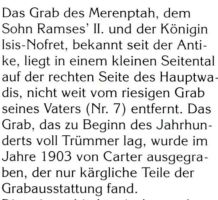

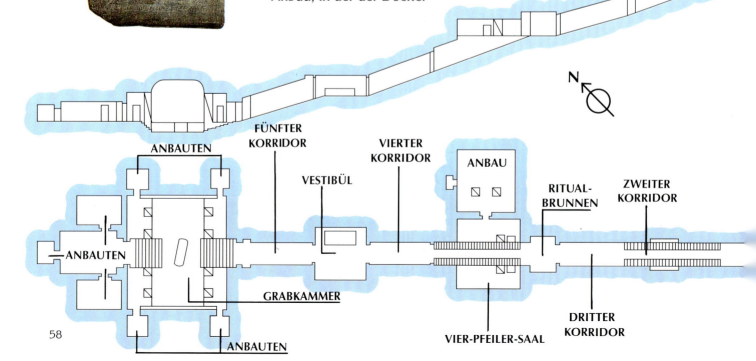

des äußeren Sarkophages liegt. Ein vierter Korridor führt zu einem Vestibül und ein fünfter zur großen rechtwinkligen Grabkammer, deren Deckengewölbe mit der Darstellung des Himmels von acht Säulen in zwei Reihen gestützt wird. In der Mitte befindet sich die beeindruckende Abdeckung des Innensarges aus Rosengranit. Er steht über einem breiten Hohlraum im Boden, der die sogenannte „Grube der Reifung" symbolisiert, die der tote König vor seiner späteren Verwandlung symbolisch aufsucht. Die Darstellungen im ersten Korridor zeigen in der ersten Szene den König in der Gegenwart von Re-Harachte. Dann sieht man Abschnitte aus der *Litanei des Re*, die sich auch im zweiten Korridor fort-

setzen, in dem Texte und Bilder aus dem *Amduatbuch* erscheinen, ebenso wie im dritten Korridor.
Im Vier-Pfeiler-Saal findet man Texte und Abbildungen aus dem *Pfortenbuch* und im Vestibül Texte aus dem *Totenbuch*, während die Wände der Grabkammer mit Abschnitten aus dem *Pfortenbuch* versehen sind. Im ersten Teil erinnert das Grab des Merenptah sowohl hinsichtlich seiner architektonischen als auch dekorativen Aspekte an das beeindruckende Grab seines Vaters, wogegen es sich in seinem zweiten Teil beträchtlich davon unterscheidet. Man erkennt dort die Tendenz zur Vereinfachung. Im Hinblick auf die Dekoration sieht man anfangs Flachreliefs von eleganter Handwerkskunst und später die Verwendung von weniger ausgefeilten, aber schneller auszuführenden Techniken. Das Grab spiegelt wahrscheinlich die Angst Merenptahs wider, daß seine Herrschaft zu kurz sein könnte. Das Werk sollte daher möglichst rasch vollendet werden. Merenptah, der den Thron erst in hohem Alter bestieg, befahl den sofortigen Beginn der Arbeiten, sowohl für den Bau seines Grabes als auch seines Tempels der „Millionen Jahre".
Während seiner nur ungefähr zehn Jahre dauernden Herrschaft konnte er sich nicht ausschließlich um seine persönlichen Monumente kümmern, da er auch mit einem Angriff der Libyer gegen Ägypten konfrontiert war. Ferner galt es einen Aufstand der Nubier niederzuschlagen. Er mußte die Vorherrschaft Ägyptens und die Macht des Pharaos wieder festigen und auf diese Weise die politische Linie seines Vaters fortsetzen.
Merenptah war der letzte große Pharao der XIX. Dynastie.

58 oben Das für die Öffentlichkeit nicht zugängliche Grab von Merenptah befindet sich unweit des Grabes seines Sohnes und Nachfolgers. Während seiner Regentschaft führte er zahlreiche Kriegszüge nach Nubien und Libyen durch. Aus dem fünften Jahr seiner Herrschaft stammt die berühmte „Israel-Stele", die zur Erinnerung an seinen Sieg über die Libyer erstellt wurde und den einzigen Hinweis auf die Hebräer in der ägyptischen Literatur enthält.

58 unten Die „Israel-Stele" wurde im Totentempel von Merenptah in Theben-West gefunden.

58–59 Gottheiten ziehen die Barke von Re während seiner nächtlichen Reise.

59 oben Der letzte Korridor im Grab von Merenptah führt zur Grabkammer, die den Sarkophag enthielt. Die gewaltigen Ausmaße des Grabes sind eigentlich typisch für die Architektur der XX. Dynastie. Das Grab des letzten Königs aus der vorangegangenen Dynastie ist ca. 115 m lang und im Stil von der folgenden Epoche geprägt. Über der Tür erkennt man eine doppelte Darstellung des Königs in Gestalt des Osiris, der von Anubis und Harsiesis willkommen geheißen wird.

ERSTER KORRIDOR

EINGANG

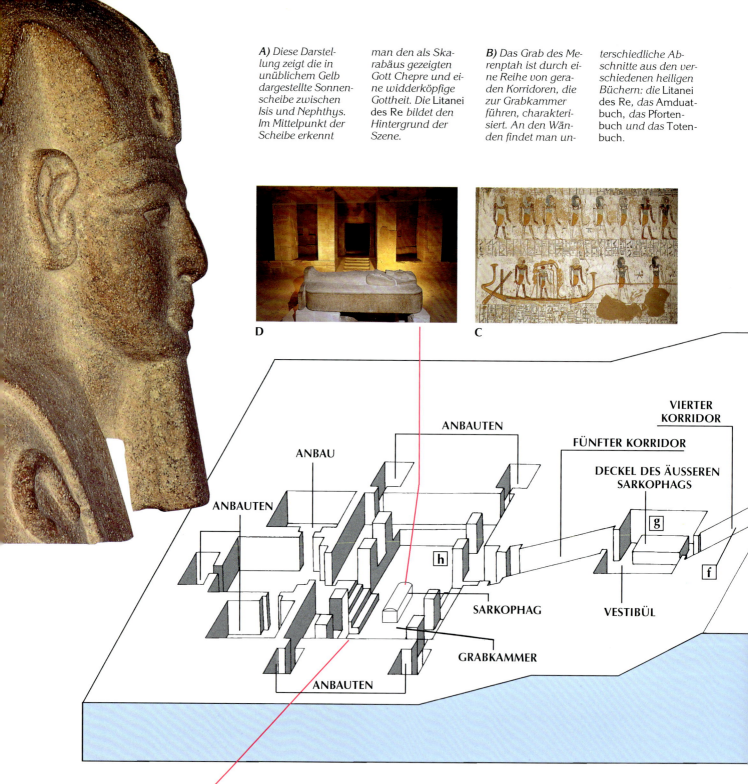

A) Diese Darstellung zeigt die in unüblichem Gelb dargestellte Sonnenscheibe zwischen Isis und Nephthys. Im Mittelpunkt der Scheibe erkennt man den als Skarabäus gezeigten Gott Chepre und eine widderköpfige Gottheit. Die Litanei des Re bildet den Hintergrund der Szene.

B) Das Grab des Merenptah ist durch eine Reihe von geraden Korridoren, die zur Grabkammer führen, charakterisiert. An den Wänden findet man unterschiedliche Abschnitte aus den verschiedenen heiligen Büchern: die Litanei des Re, das Amduatbuch, das Pfortenbuch und das Totenbuch.

D) Der wunderschöne Sarkophag des Pharaos steht in der Mitte der geräumigen Grabkammer. Der Sarg aus Granit hat die Form einer Kartusche. Der verstorbene Pharao ist auf dem Deckel mit gekreuzten Armen und den Insignien seiner Macht, Zepter und Geißel, aus Stein modelliert. Die Schlange, die den Pharao umschlängelt, gilt als Zeichen der Auferstehung.

E) An der oberen süd-westlichen Wand der Grabkammer wird diese Szene aus dem Höhlenbuch gezeigt. Man sieht die nächtliche Reise der Sonne durch die Unterwelt; außerdem eine Figur mit einem Widderkopf und ausgebreiteten Schwingen. Zwei Figuren schieben die als kleiner Junge dargestellte Sonnescheibe. Die königliche Kartusche wird von einem schwarzen Skarabäus gekrönt. Der verstorbene Pharao und sein ka, so zeigt das Bild an den Seiten und unten, verehren diese Repräsentation der Sonnengottheit.

60

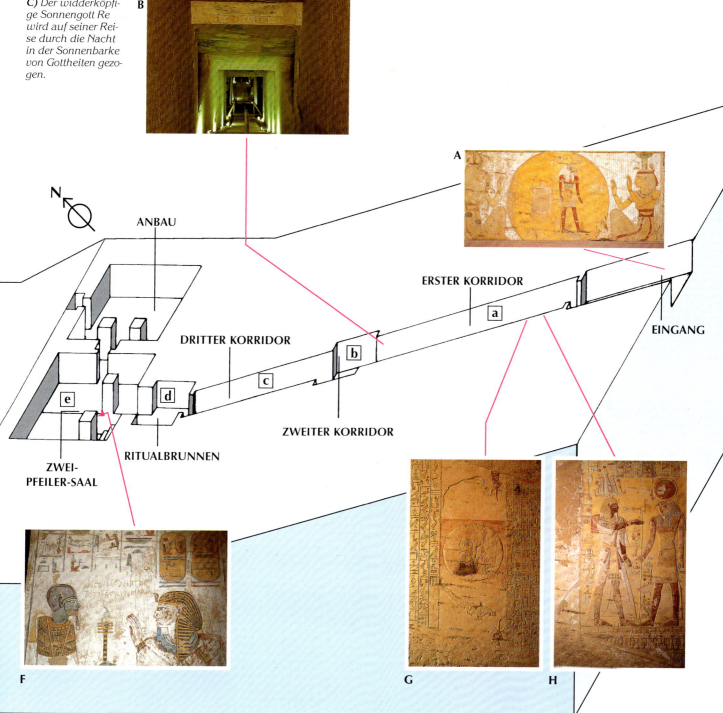

C) Der widderköpfige Sonnengott Re wird auf seiner Reise durch die Nacht in der Sonnenbarke von Gottheiten gezogen.

F) Mit dem nemes (Kopfbedeckung) geschmückt, steht der Pharao vor dem obersten Gott von Memphis, Ptah. Die erkennbaren zahlreichen Graffiti stammen von Grabbesuchern aus griechisch-römischer Zeit.

G) Im ersten Korridor ist die Litanei des Re an der Wand verzeichnet. Auf dem Foto kann der Beginn des Textes betrachtet werden. Im Mittelpunkt erkennt man die Sonnenscheibe, in deren Mitte sich ein Skarabäus befindet, der die Morgensonne symbolisiert. Der widderköpfige Sonnengott Re auf der Scheibe personifiziert die Sonne in der Nacht. Die Sonnenscheibe kämpft symbolisch mit den Feinden, die sie umgeben. Krokodile, Schlangen und monströse Kreaturen sind abgebildet.

H) Im ersten Korridor des Grabes findet sich dieses vielfarbige Flachrelief. Der König trägt eine reich verzierte Krone, er steht vor Re-Harachte.

Hauptszenen

a) Litanei des Re

b) Figuren aus den verschiedenen heiligen Büchern

c) Amduatbuch

d) Szenen, die Gottheiten porträtieren

e) Pfortenbuch und der Schrein des Osiris

f) Ritual der „Mundöffnung"

g) Der Pharao mit Gottheiten, Szenen aus dem Totenbuch

h) Das Pfortenbuch und das Himmelsgewölbe

DAS GRAB RAMSES' III.

(Nr. 11)

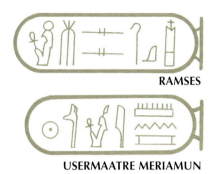

RAMSES

USERMAATRE MERIAMUN

A) Krüge, Töpfe und Amphoren sind auf der Wand eines kleinen Nebenraumes zu sehen.

B) Darstellung des Nilgottes und von Göttern, die die Namen einiger ägyptischer Städte personifizieren. Jede Gottheit trägt einen reich gedeckten Opfertisch und auf dem Kopf den Namen, den sie repräsentiert.

Das seit der Antike bekannte Grab von Ramses III. wurde zum ersten Mal in der Neuzeit, im Jahr 1769, von dem schottischen Reisenden James Bruce untersucht. Bruce nannte dieses Grab „Harfenspielergrab", wegen eines wunderbaren Flachreliefs, das zwei blinde Harfenspieler zeigt. Das Grab ist mit schönen Malereien geschmückt, deren lebendige Farben erhalten geblieben sind. Mit einer Länge von 125 m hat es beeindruckende Abmessungen mit dem typischen Grundriß der königlichen Grabgewölbe der XIX. Dynastie.
Im ersten Korridor sind die Wände mit der *Litanei des Re* verziert. Im zweiten Korridor, dessen Wände ebenfalls Auszüge aus der *Litanei des Re* zeigen, öffnen sich acht kleine Zellen, links und rechts jeweils vier ausgeschmückt, mit einer Reihe von ganz ungewöhnlichen und interessanten Szenen. Die Darstellungen an den Wänden zeigen die Prozession der Schutzgötter Ägyptens, die Vorbereitung von Speisen, die Grabausstattung und die Waffen des Königs. Zu sehen ist ferner das Opfer für den Gott Apis, der Verkörperung des Nils als Träger der Fülle und das berühmte Harfenspielerpaar. Es singt und spielt vor Atum, Schu und Osiris Loblieder über den Herrscher. Die Darstellung von Gegenständen und magischen Szenen auf den Wänden sollten den Toten symbolhaft vor Grabschändern schützen.
Am Ende des Korridors zweigt

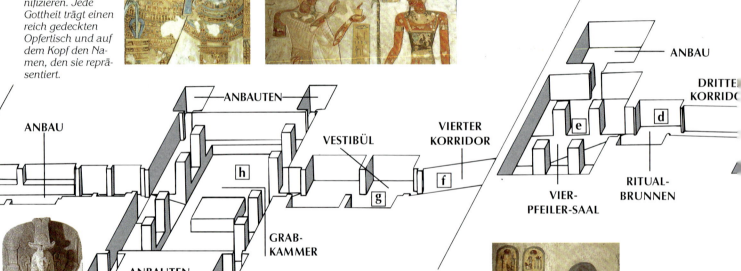

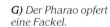

C) Der Pharao mit der Krone von Unterägypten opfert dem Gott Atum eine Kerze.

D) Auf dem Bild ist der oberste Gott von Memphis, Ptah, mit seinem Zepter und seiner blauen Kopfbedeckung, die die Sonnenscheibe enthält, zu sehen.

E) Belzoni entdeckte 1818 den Deckel des Sarkophags von Ramses III. Er wird im Fitzwilliam Museum in Cambridge aufbewahrt und zeigt den Pharao als Osiris mit der atef-Krone und den Göttinnen Isis und Nephthys an den Seiten. Der Sarkophag befindet sich im Louvre.

F) Der Pharao mit der blauen, von einer Uräusschlange umgebenen Kopfbedeckung verbrennt Weihrauch.

G) Der Pharao opfert eine Fackel.

H) Das Bild zeigt einen der blinden Harfenspieler.

I) Der Blick in die Säulenhalle zeigt einen Ausschnitt der Illustrationen der 6. Stunde aus dem Pfortenbuch. Auf der Säule im Vordergrund erkennt man Ramses III. bei einer Opfergabe.

das Grabmal rechts ab. Vermutlich war dieser im ursprünglichen Bauplan nicht vorgesehene Wechsel nötig, weil die Arbeiter auf das nahe Grab des Ammenemes (Nr. 10) stießen. Der dritte Korridor des Grabes ist mit Texten aus dem *Amduatbuch* und dem *Pfortenbuch* dekoriert. Er führt zum „Ritualbrunnen". Von dort gelangt man zum Vier-Pfeiler-Saal, in dem sich neben den Darstellungen der vierten und fünften Stunde des *Pfortenbuches* eine Darstellung der bekannten menschlichen Rassen und der Opferszenen für Re-Harachte, Chepre und Atum, der drei Gestalten der Sonnengottheit, befinden.

In dem seitlichen Anbau zur rechten Seite dieses Saals sieht man Ramses III. im Angesicht von Osiris, der ihm eine Feder entgegenhält, die die Ordnung und Gerechtigkeit der Göttin Maat symbolisiert.

Hier endet der für Besucher geöffnete Teil. Das Grab weist noch einen weiteren Korridor auf, der in ein Vestibül und danach in die Grabkammer mit acht Pfeilern führt.

Hier befand sich der Sarkophag aus rotem Quarzit. Das Unterteil des Sarkophags steht heute im Louvre, während sein von Belzoni wiederentdeckter Deckel im Fitzwilliams Museum in Cambridge ausgestellt ist. Die Mumie des Königs wurde im „Versteck" von Deir el-Bahari gefunden und befindet sich heute im Museum von Kairo. Ramses III., der Erbauer des Großen Tempels von Medinet Habu, war der letzte der bedeutenden ägyptischen Pharaonen. Im Lauf seiner über 30 Jahre dauernden Herrschaft gelang es ihm, die Grenzen Ägyptens gegen Angriffe von außen zu verteidigen. So siegte er beispielsweise in der Schlacht gegen die Seevölker und gegen die Libyer. Seine Herrschaft endete in einem vom wirtschaftlichen Gesichtspunkt her gesehen extrem schwierigen Moment und in großer politischer Unsicherheit.

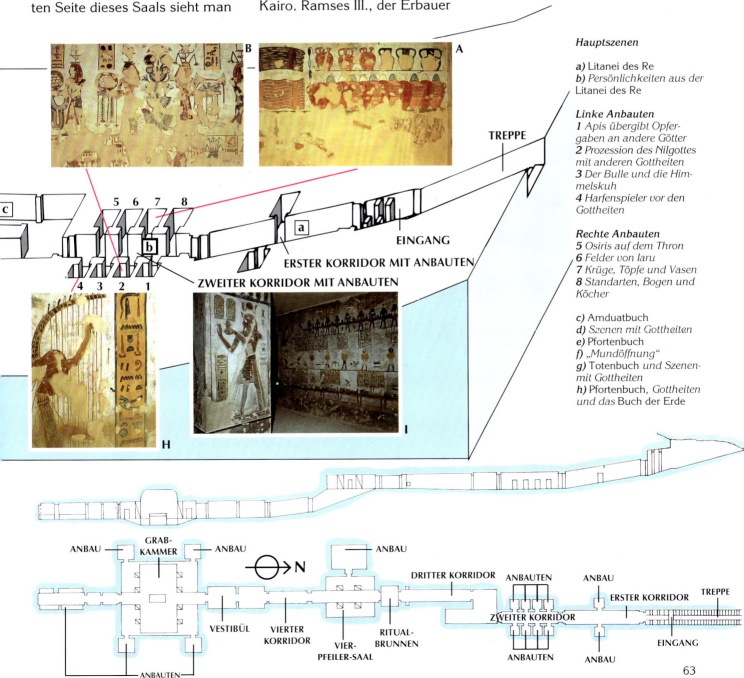

Hauptszenen

a) Litanei des Re
b) Persönlichkeiten aus der Litanei des Re

Linke Anbauten
1 Apis übergibt Opfergaben an andere Götter
2 Prozession des Nilgottes mit anderen Gottheiten
3 Der Bulle und die Himmelskuh
4 Harfenspieler vor den Gottheiten

Rechte Anbauten
5 Osiris auf dem Thron
6 Felder von Iaru
7 Krüge, Töpfe und Vasen
8 Standarten, Bogen und Köcher

c) Amduatbuch
d) Szenen mit Gottheiten
e) Pfortenbuch
f) „Mundöffnung"
g) Totenbuch und Szenen mit Gottheiten
h) Pfortenbuch, Gottheiten und das Buch der Erde

DAS GRAB RAMSES' VI.

(Nr. 9)

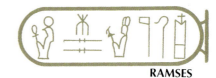

RAMSES

NEBMAATRE MERIAMUN

Das Grab Ramses' VI., war schon in der Antike bekannt und gut besucht, wie die vielen Graffiti an den Wänden beweisen.
Es wurde im Jahr 1888 von Georges Daressy im Auftrag des *Service des Antiquitiés de l'Egypte* freigelegt, ausgegraben und von den Trümmern befreit, die einen Großteil der Räume ausfüllten.
Der Bau des Grabes wurde vom nur vier Jahre regierenden Vorgänger Ramses' VI., Ramses V., in Auftrag gegeben und zu seiner Zeit begonnen. Ramses VI. ließ das Grab dann weiterbauen und gegenüber den vorherigen Plänen erweitern.
Weswegen Ramses VI. lieber das Grab seines Vorgängers nutzte als sich ein eigenes Grab zu schaffen, wie es die Tradition erforderte, ist unbekannt. Die Wissenschaft nimmt an, daß diese Entscheidung sowohl von wirtschaftlichen Überlegungen als auch von den Übereinstimmungen der theologisch-religiösen Ansichten der Brüder diktiert wurde.
Das Grab weist den typischen, klassischen Grundriß der XX. Dynastie auf, mit einer bedeutenden architektonischen Vereinfachung, verglichen mit dem Grab des Ramses III. Die Dekoration erweist sich als komplex und anspruchsvoll.
Das Grab Ramses' VI. beinhaltet eine Art theologischer Abhandlung, deren grundlegende Elemente die Sonne und ihre Reise während der Nacht sind. Das Licht wird als ihre wichtigste Erscheinungsweise gezeigt. Die Bedeutung zahlreicher Einzelheiten der Wandmalereien, die in ihren leuchtenden Farben den Betrachter faszinieren, bleibt zum Teil unentschlüsselt. Im allgemeinen handelt es sich jedoch um eine Darstellung des Ursprungs von Himmel und Erde und der Erschaffung von Sonne, Licht und Leben.
Im ersten, zweiten und dritten Korridor stammen die Dekorationen aus dem *Pforten*- und dem *Höhlenbuch*. Der erste Korridor mündet in einen zweiten und dieser wiederum in einen dritten Korridor. Dieser endet in einem „Ritualbrunnen", der in den Vier-Pfeiler-Saal übergeht. Von hier führt ein weiterer Korridor in einen letzten Korridor, an den sich das Vestibül anschließt. Die Wandbilder in diesem gesamten Grabsektor setzen die Texte aus den vorangegangenen Korridoren fort. Ergänzt wird die Bildfolge mit Ausschnitten aus dem *Amduatbuch* und Stellen aus dem *Totenbuch*.
Das Vestibül führt in die Grabkammer in der sich der aufgebrochene Sarkophag befindet. Die Wände sind mit Szenen aus dem *Buch der Erde* verziert, während an der Decke das *Buch des Tages* und das *Buch der Nacht* ausgebildet sind, dargestellt durch ein Doppelbild von Nut in Gestalt der Göttin des Tag- und Nachthimmels. Hier ereignet sich das Geheimnis der Erschaffung der Sonnenscheibe und ihre tägliche Wiedergeburt sowie die Wiedergeburt des der Sonne ähnlich gewordenen Pharaos.

64 Ramses VI. ist auf dieser Statue als Sieger zu sehen. Er hält den Kopf eines libyschen Gefangenen an den Haaren. Er folgte seinem Bruder Ramses V. für den das Grab ursprünglich gedacht und vorbereitet war, unter ungeklärten Umständen auf den Thron. Die Geschichte der Regierungszeit von Ramses VI. ist weitgehend unbekannt. Sein Grab ist aber wohl das am besten und am vollständigsten gestaltete Grab im Tal der Könige. Seine Wände bergen eine Bibliothek, die auf Stein gemalt ist. Die Mumie des Pharaos wurde 1898 im Grab von Amenophis II. gefunden. (Ägyptisches Museum, Kairo)

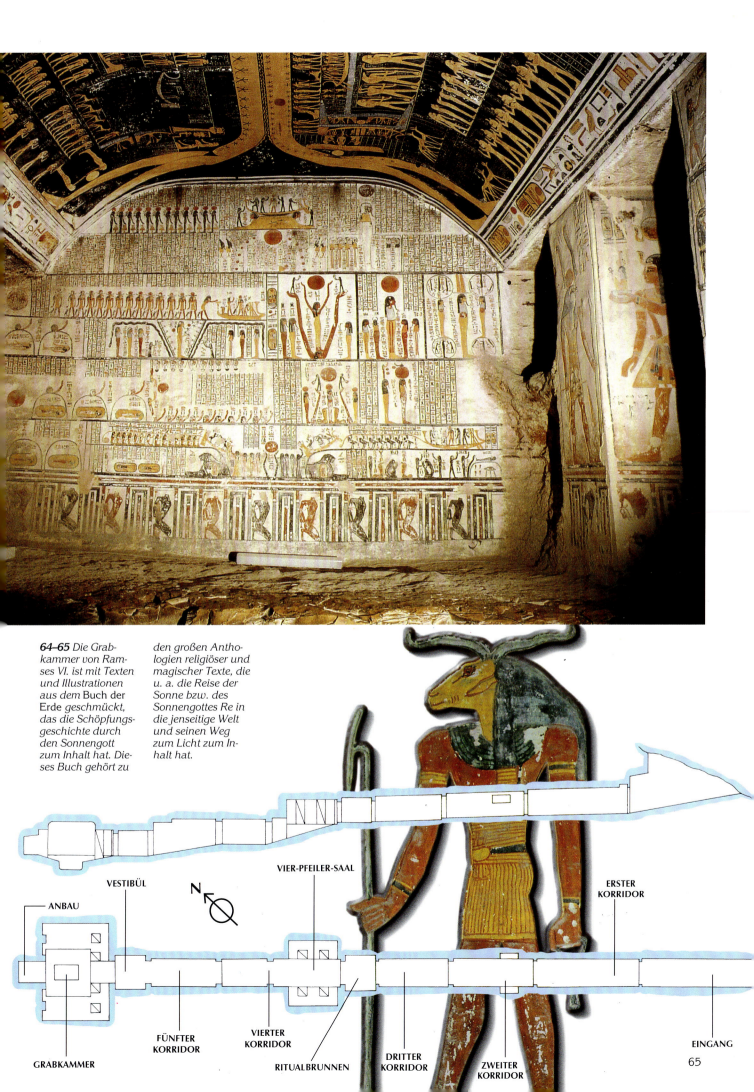

64–65 Die Grabkammer von Ramses VI. ist mit Texten und Illustrationen aus dem Buch der Erde *geschmückt, das die Schöpfungsgeschichte durch den Sonnengott zum Inhalt hat. Dieses Buch gehört zu den großen Anthologien religiöser und magischer Texte, die u. a. die Reise der Sonne bzw. des Sonnengottes Re in die jenseitige Welt und seinen Weg zum Licht zum Inhalt hat.*

ANBAU
VESTIBÜL
VIER-PFEILER-SAAL
ERSTER KORRIDOR
GRABKAMMER
FÜNFTER KORRIDOR
VIERTER KORRIDOR
RITUALBRUNNEN
DRITTER KORRIDOR
ZWEITER KORRIDOR
EINGANG

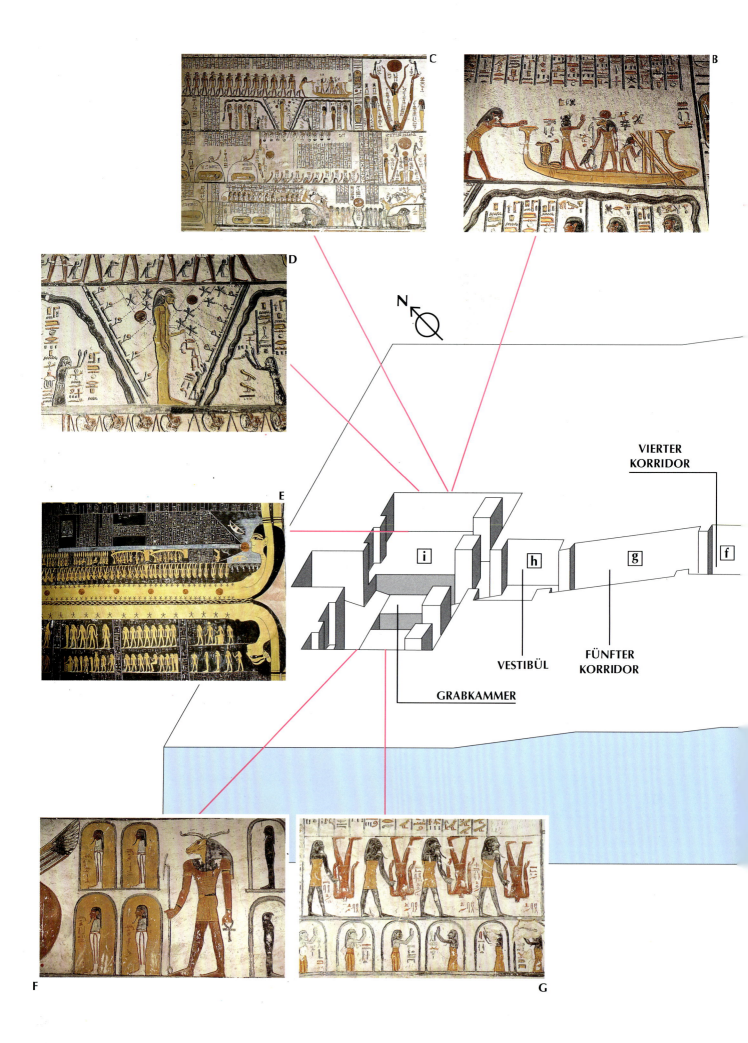

A) Detail der östlichen Wand der Grabkammer. Die Sonnenscheibe wird von den Armen der Göttin Nut, der „Herrin des Himmels und der Sterne, der Mutter der Sonne", aus den Tiefen der Unterwelt gehoben. Nut regelte den Lauf der Gestirne. Täglich gab sie der Sonne das Leben zurück und erneuerte so den Akt der Schöpfung der Welt.

B) Abgebildet ist die Barke des widderköpfigen Sonnengottes Re und Chepre, die Personifikation der Morgensonne.

C) Auf diesem Ausschnitt der Wanddekoration der Grabkammer wird die Sonnengottheit Re auf ihrer Himmelsreise von Osiris und der Gottheit, die die Stunden personifiziert, begleitet.

D) Dieser Bildausschnitt zeigt eine Gottheit mit dem Namen, „der, der die Stunden verbirgt" mit einem erregierten Penis als Zeichen der Mitschöpfung. Sie trifft mit den 12 Gottheiten, die die 12 Stunden des Tages personifizieren und kontinuierlich die Sonne erschaffen, zusammen.

E) Das Deckengewölbe der Grabkammer illustriert Szenen aus dem *Buch des Tages* und aus dem *Buch der Nacht*. Eine doppelte Darstellung der Göttin Nut erstreckt sich entlang der Hauptachse des Raumes. Die Göttin verschluckt die Sonne am Abend und läßt sie am Morgen wieder auferstehen. Diese Darstellung verdeutlicht den Prozeß der Wiedergeburt des verstorbenen Pharaos. Er wird mit Re gleichgesetzt und genau wie er wiedergeboren.

F) Die Mumien in ihren Kapellen werden mit Hilfe der Energie der Sonne zu neuem Leben erweckt.

G) Die mit an Blut erinnernder roter Farbe dargestellten Verdammten, die Personifikation der destruktiven Kräfte, werden von schwarzen Henkern geköpft. Sie werden mit den Beinen nach oben dargestellt. Das Bild verdeutlicht die Überwindung des Bösen durch den Pharao oder die Gottheiten.

Hauptszenen

a) Pfortenbuch, Höhlenbuch *und das Himmelsgewölbe*

b) Pfortenbuch, Höhlenbuch *und das Himmelsgewölbe*

c) Pfortenbuch, Höhlenbuch, *das Himmelsgewölbe*

d) Pfortenbuch, Höhlenbuch *und das Himmelsgewölbe*

e) Pfortenbuch, Höhlenbuch, Kapelle des Osiris und das Himmelsgewölbe

f) Amduatbuch

g) Amduatbuch und auf dem Gewölbe kryptographische Texte

h) Totenbuch *und göttliche Darstellungen*

i) Buch der Erde *und an der Decke* Buch des Tages *und* Buch der Nacht

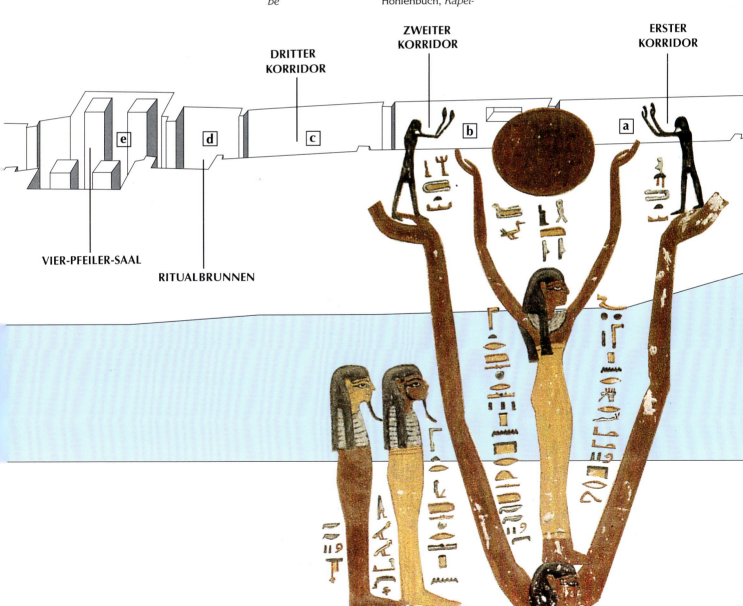

VIER-PFEILER-SAAL · **RITUALBRUNNEN** · **DRITTER KORRIDOR** · **ZWEITER KORRIDOR** · **ERSTER KORRIDOR**

67

DAS GRAB RAMSES' IX.

(Nr. 6)

RAMSES CHA-EM-WESET MERER-AMUN

NEFERKHARE SETEPI-ENRA

A) Die Dekoration über der Tür zum zweiten langgestreckten Korridor, der zur Grabkammer führt, zeigt den Pharao bei der Anbetung der Sonnenscheiben (der König ist links und rechts der Sonnenscheibe kniend dargestellt), auf der der widderköpfige Atum und ein udjat-Auge dargestellt sind.

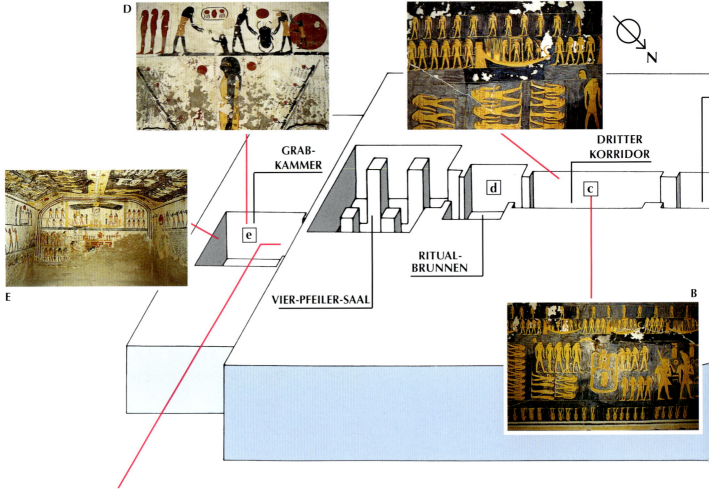

B, C) Dieser Ausschnitt des Himmelsgewölbes auf dem Korridor zeigt auf blauem Hintergrund die göttliche Barke und eine Prozession von Gottheiten, beides in gelber Farbe.

D) Die abgebildete Szene illustriert einige Abschnitte aus dem Buch der Erde, *das von der Geburt der Sonne handelt. Im oberen Abschnitt halten Re und Chepre einen Skarabäus, der die aufgehende Sonne repräsentiert. Im unteren Bildabschnitt wird die Gottheit gezeigt, die die Stunden symbolisiert.*

E) Der hier sichtbare Ausschnitt aus dem Deckengewölbe der Grabkammer von Ramses IX. weist starke Ähnlichkeit mit dem Himmelsgewölbe in der Grabkammer von Ramses VI. auf.

F) Dieses Detail aus dem Himmelsgewölbe der Grabkammer, die Illustrationen aus dem Buch des Tages *und dem* Buch der Nacht *zeigt, stellt die Göttin Nut dar, die am Abend die Sonnenscheibe schluckt, um sie am nächsten Morgen wieder auferstehen zu lassen. Es handelt sich hierbei um ein Traktat über Kosmologie und Theologie, das erstmals in der Zeit der Ramessiden auftaucht.*

Hauptszenen

a) Litanei des Re, Höhlenbuch

b) Litaneien des Re, Totenbuch, Höhlenbuch

c) Amduatbuch, Szenen mit Gottheiten

d) Göttliche Szenen

e) Höhlenbuch, Buch der Erde und Amduatbuch

Ramses IX. ist der letzte Pharao, der im *Biban el-Moluk* (Tal der Könige) bestattet wurde. Sein Grab ist aufgrund der Themen der Wandgemälde interessant, die wieder einige Motive und Themen aus dem Grab Ramses' VI. aufnehmen.

Die Darstellungen an den Wänden der ersten beiden Korridore illustrieren die *Litanei des Re*. Bei dieser Litanei handelt es sich um eine religiöse Textsammlung, die die Sonnengottheit und ihre 75 verschiedenen Transformationen während ihrer nächtlichen Reise darstellt und ihre morgendliche Auferstehung mit der Auferstehung des Pharaos gleichsetzt.

Im dritten Korridor, vor dem „Ritualbrunnen", sieht man Abschnitte aus der *Litanei des Re*, dem *Totenbuch*, dem *Höhlenbuch* und dem *Amduatbuch*. Der Betrachter kann auch Darstellungen der Gottheiten der Unterwelt erkennen. Außerdem sind der zweite und der dritte Korridor mit interessanten, astronomischen Themen geschmückt. Vom „Ritualbrunnen" gelangt man direkt in den Vier-Pfeiler-Saal. Von dort führt ein sehr kleiner Gang zur Grabkammer. Hier zeigt die Gewölbedecke eine doppelte Darstellung der Göttin Nut und Stellen aus dem *Buch des Tages* und dem *Buch der Nacht*.

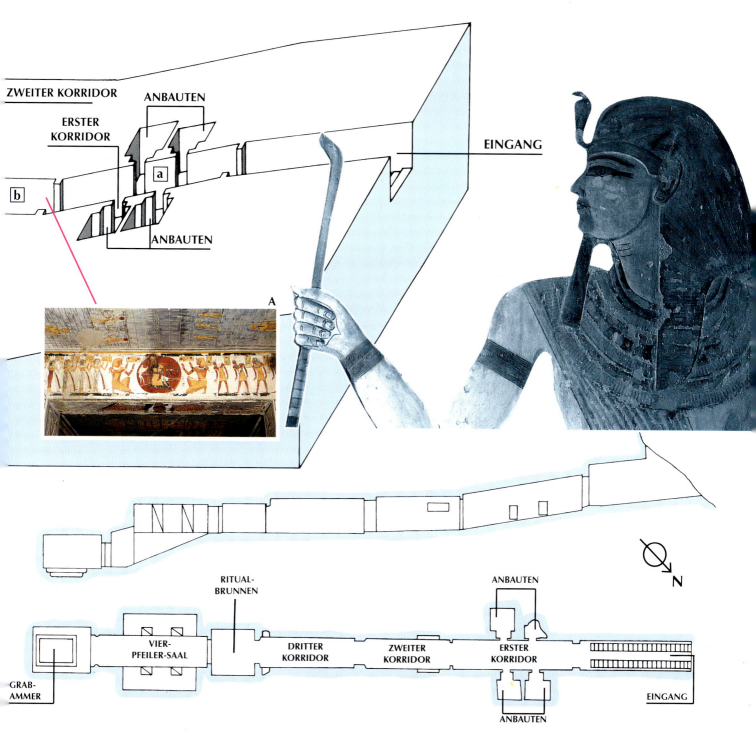

DAS TAL DER KÖNIGINNEN

Das Tal der Königinnen liegt am südlichen Ende der Nekropole von Theben. Es ist der Ort, an dem ab der XVII. Dynastie (1650–1551 v. Chr.) die ersten Prinzen und Prinzessinnen königlichen Blutes zusammen mit Persönlichkeiten aus höfischen Kreisen bestattet wurden.

Ab der Zeit von Ramses II. wurden hier die Königinnen mit dem Titel „königliche Gemahlin" zu Grabe getragen. Während der XX. Dynastie ließ Ramses III. die Tradition wieder aufleben und die Gräber einiger seiner Söhne im Tal vorbereiten.

Biban el-Harim, das Tal der Königinnen, wurde von den alten Ägyptern als *Ta set neferu*, „Ort der Königssöhne", bezeichnet. Die Nekropole wurde als heilig angesehen. Wegen ihrer Nähe zum Thebanischen Gipfel und dem Vorhandensein eines Höhlenwasserfalls am Fuße des Tals wurde der Ort als für eine königliche Nekropole geeignet betrachtet.

Im alten Ägypten symbolisierte eine Höhle den Bauch oder den Leib der himmlischen Kuh, eine der Darstellungsweisen der Göttin Hathor, aus der die Wasser sprudelten, die die bevorstehende Wiedererweckung des Verstorbenen vorhersagte.

Das Tal der Königinnen umfaßt mehr als 70 Gräber, von denen einzelne aus der XVII. Dynastie datieren. Die meisten Gräber wurden jedoch während der Ramessidenzeit (XIX. und XX. Dynastie) angelegt.

Erst von Beginn der XIX. Dynastie an, mit der Bestattung von Sat-re, der Gattin von Ramses I. und Mutter von Sethos I., beherbergte das Tal der Königinnen die sterblichen Überreste der königlichen Gemahlinnen. Ab der Dritten Zwischenzeit wurde die Grabstätte zu einer Begräbnisstätte für Personen von nicht-königlichem Blut und derer, die im wesentlichen mit der Bestellung des Bodens auf den riesigen Anwesen der Priester betraut waren. Zu Beginn des Römischen Reiches war das Tal der Königinnen zu einem öffentlichen Friedhof geworden. Es behielt diese Funktion bis in die Mitte des 4. Jahrhunderts n. Chr. als sich die Kopten dort ansiedelten und viele Gräber abbrannten, unwiderruflich entstellten und dort das Kloster Deir Rumi gründeten, dessen Ruinen man heute noch sehen kann. Viele der im Tal der Königinnen freigelegten Gräber litten bereits in der Antike unter ernsten baulichen Problemen infolge der Beschaffenheit des Gesteins der Begräbnisstätte. Die Handwerker des Pharaos, die vor 3500 Jahren die Grabstätten in diesem Tal anlegten, erkannten zweifellos, daß sie auf schlechtem Stein arbeiten mußten. Sie waren gezwungen, besondere technische Geräte und

künstliche Baumaterialien einzusetzen. Dies wird noch heute durch den massiven Gebrauch von *Muna*, einem speziellen Gips, der häufig die gesamten Mauern und Decken der Gräber bedeckt, deutlich.

Der Fels war an manchen Stellen so schlecht zu bearbeiten, daß man die Arbeiten dort abbrechen und an einer neuen, geeigneteren Stelle noch einmal anfangen mußte. Dies erklärt die vielen unvollendeten Gräber des Tals.

Außerdem entdeckte man Anzeichen für eine Zeit schrecklicher Regenfälle in der Zeit nach der Epoche der Ramessiden, die ohne Zweifel verheerende Auswirkungen auf die Gräber hatte.

Der erste Archäologe, der im Tal der Königinnen systematische Ausgrabungen durchführte, war der Italiener Ernesto Schiaparelli, Direktor des Ägyptischen Museums in Turin, der zwischen 1903 und 1906, assistiert von Francesco Ballerini, einem Ägyptologen

70

70 oben *Champollion prägte den Namen „Tal der Königinnen" für dieses Wadi (Tal), das sich im südlichen Teil der Nekropole von Theben befindet. Dort wurden ab der XVII. Dynastie Prinzen, Prinzessinen, Königinnen und höhere Beamte begraben. Das Gelände wurde bis in die Zeit der Ptolemäer, der Griechen und Römer als Begräbnisstätte genutzt.*

71 oben links *Dieses Foto von der Grabkammer des Prinzen Cha-em-weset (Nr. 44), einem der Söhne Ramses' III. wurde bei seiner Entdeckung im Februar 1903 aufgenommen. Das Grab, das auch in späterer Zeit genutzt wurde, war übersät von Mumien und aufgebrochenen Sarkophagen.*

71 unten links *Das Foto zeigt ein Mitglied der italienischen archäologischen Mission unter der Leitung von Schiaparelli bei der Arbeit im Grab der Nofretiri (Nr. 66), einer der Hauptgemahlinnen von Ramses II.*

71 rechts *Ernesto Schiaparelli, der Direktor des Ägyptischen Museums von Turin, führte zwei Grabungsarbeiten im Tal der Königinnen in den Jahren 1903 und 1904 durch. Er wurde dabei von Francesco Ballerini, einem Ägyptologen aus Como, assistiert.*

70–71 *Im alten Ägypten wurde das Tal Ta set neferu, „Ort der Königssöhne, genannt. heute bezeichnet man es als Biban el-Harim, „Tal der Königinnen".*

aus Como, vor Ort arbeitete. Schiaparellis Ausgrabungen verdanken wir die Entdeckung der bedeutendsten Gräber, wie jene der Söhne Ramses' III., Set-her-chopeschef, Cha-em-weset und Amun-her-chopeschef.
Die außergewöhnlichste Entdeckung aber war das Grab der Nofretiri, Gemahlin Ramses' II., das als das schönste Grabmal im Biban el-Harim angesehen wird. Erst ab 1970 begann eine Reihe von jährlichen Missionen, die vom *Centre National de la Recherche Scientifique* (CNRS) in Paris, dem Louvre und dem *Centre d'Etudes et Documentation sur l'Ancienne Egypte* (CEDAE) der ägytischen *Antiquities Organisation* durchgeführt werden.
Die Arbeiten ermöglichen die Säuberung und vollständige Vermessung der Ausgrabungsstelle sowie eine systematische Untersuchung aller Grabstätten im Tal. Die Entfernung der Aufschüttungen und Trümmer, die noch von den Ausgrabungsarbeiten von Schiaparelli vorhanden waren, stellte die ursprünglichen morphologischen Charakteristika des Tals wieder her.

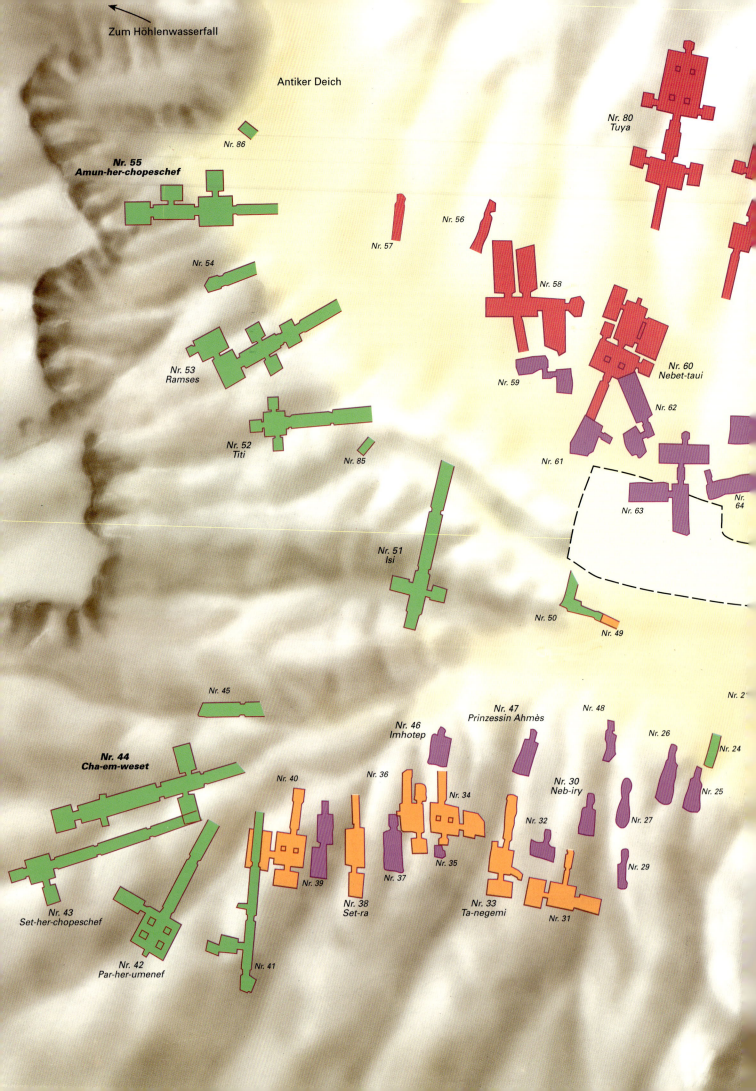

DIE GRÄBER DER SÖHNE RAMSES' III.

Die Gräber der fünf Söhne von Ramses III. (Set-her-chopeschef Nr. 43, Par-her-umenef Nr. 42, Cha-em-weset Nr. 44, Ramses Nr. 53, Amun-her-chopeschef Nr. 55) liegen an der Südwestseite des Hauptwadis, im Tal der Königinnen. Drei von ihnen wurden von Ernesto Schiaparelli entdeckt.

Es ist nicht klar, wie alt die Prinzen waren und wann bzw. wie sie verstarben. Es ist lediglich bekannt, daß Ramses III. im 28. Jahr seiner Herrschaft den Befehl zur Vorbereitung dieser Gräber erteilte. Waren die Prinzen zu der Zeit bereits tot oder waren sie vielleicht unheilbar krank? Vielleicht um an eine Tradition anzuknüpfen, die in die Zeit der XVIII. Dynastie zurückreichte?

Im nahegelegenen Tempel von Medinet Habu, an der Westmauer des zweiten Hofes, ist die königli-

74 oben Dieses Flachrelief zeigt das Bildnis von Prinz Cha-em-weset (Nr. 44) mit der typischen Haartracht der Jugendlichen seines Alters. Die Haare auf dem sonst glattrasierten Kopf werden in einem Seitenzopf von einer Spange zusammengehalten.

74 unten Auf diesem Bild aus der Vorkammer des Grabes von Amun-her-chopeschef (Nr. 55) führt Ramses III. seinen Sohn, der einen Fächer in der rechten Hand trägt, vor das Angesicht der Hauptgötter des Jenseits.

che Nachkommenschaft dargestellt: dreizehn Prinzen und vierzehn Prinzessinnen. Von den Prinzen sind zehn mit Namen genannt, ein ungewöhnlicher Umstand, da Darstellungen in jener Zeit allgemein anonym waren. Die Prinzen tragen den Titel „Standartenträger zur Rechten des Königs". Es scheint jedoch, daß jene, die in den Gräbern im Tal der Königinnen liegen; nicht mit jenen identisch sind, die in Medinet Habu abgebildet sind.

Aus chronologischer Sicht könnte man folgern, daß die Gräber von Set-her-chopeschef und Par-her-umenef früheren Datums sind als jene von Cha-em-weset und Amun-her-chopeschef. Darauf weisen auch ergänzende Sequenzen der Genien in Kapitel 145 des *Totenbuches* hin. Das Grab des Set-her-chopeschef enthielt nie die Mumie des Prinzen, die im Tal der Könige beigesetzt wurde.

Die Gräber der Söhne Ramses' III. sind im wesentlichen alle gleich

Die Ostseite des Grabes

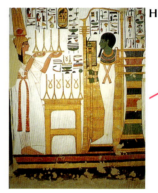

A) Nofretiri opfert dem Gott Osiris, dem Herrn des Jenseits, und dem Gott Anubis.

B) Die Göttin Neith heißt Nofretiri willkommen.

C) Nofretiri wird von Harsiesis vor Re-Harachte und Hathor-Imentet gebracht.

D) Die Göttin Isis führt Nofretiri vor das Angesicht des Gottes Chepre (mit Skarabäuskopf dargestellt).

E) Blick auf das Vestibül. Im Vordergrund sind Osiris auf dem linken und Anubis auf dem rechten Türpfosten zu sehen. Die Darstellung darüber zeigt Uräusschlangen. In der Mitte kann man einen Geist erkennen, der die Hände über zwei Fruchtbarkeitssymbole hält. Im Inneren ist die Gottheit Chepre auf der linken Seite und Re-Harachte mit Hathor-Imentet rechts zu erkennen.

F) Nofretiri mit dem sekhem-Zepter weiht zwei große Tische mit Gaben vor Osiris (links) und Atum (rechts). Bei Atum handelt es sich um den Schöpfergott an der Spitze der Neunheit von Heliopolis, der selbst ungeschaffen, die Welt und die Götter erschaffen hat. Atum verkörpert außerdem den Gott Re am Abend.

G) Nofretiri befindet sich im Angesicht von Thot, dem göttlichen Schreiber, dem sie die Formeln aus dem 94. Kapitel des Totenbuches vorträgt, um die Schreiberpalette zu erhalten.

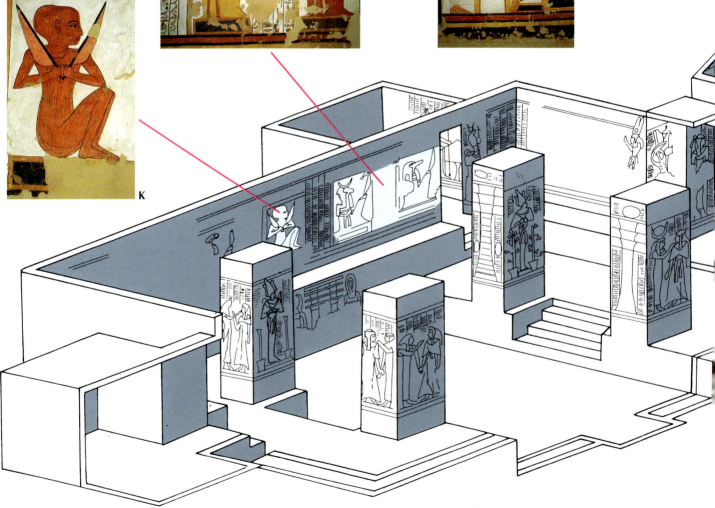

84

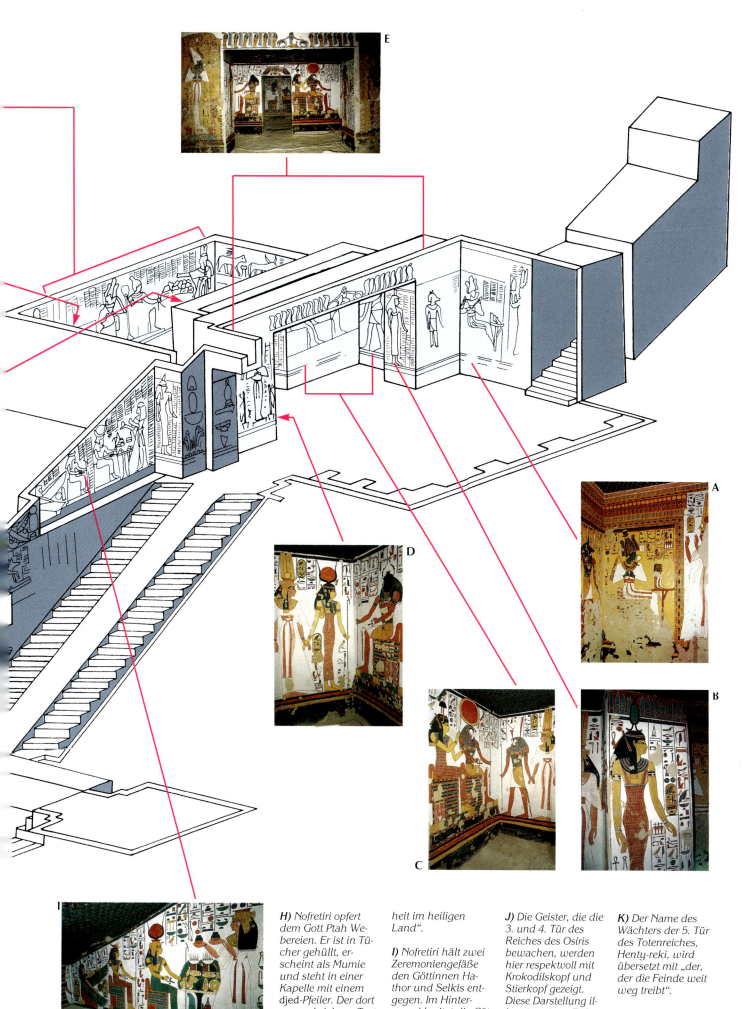

H) Nofretiri opfert dem Gott Ptah Webereien. Er ist in Tücher gehüllt, erscheint als Mumie und steht in einer Kapelle mit einem djed-Pfeiler. Der dort angeschriebene Text lautet: „Gaben für den Herrn der Wahrheit im heiligen Land".

I) Nofretiri hält zwei Zeremoniengefäße den Göttinnen Hathor und Selkis entgegen. Im Hintergrund breitet die Göttin Maat schützend ihre Schwingen aus.

J) Die Geister, die die 3. und 4. Tür des Reiches des Osiris bewachen, werden hier respektvoll mit Krokodilskopf und Stierkopf gezeigt. Diese Darstellung illustriert einen Teil des 146. Kapitels des Totenbuches.

K) Der Name des Wächters der 5. Tür des Totenreiches, Henty-reki, wird übersetzt mit „der, der die Feinde weit weg treibt".

Die Westseite des Grabes

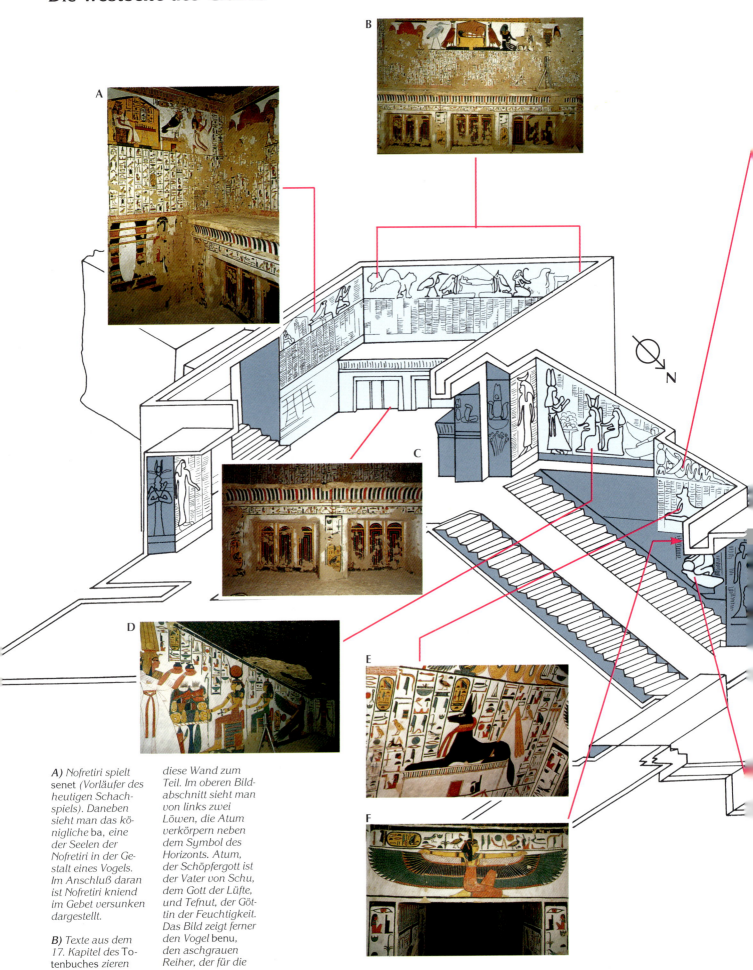

A) Nofretiri spielt senet *(Vorläufer des heutigen Schachspiels). Daneben sieht man das königliche* ba, *eine der Seelen der Nofretiri in der Gestalt eines Vogels. Im Anschluß daran ist Nofretiri kniend im Gebet versunken dargestellt.*

B) Texte aus dem 17. Kapitel des Totenbuches *zieren diese Wand zum Teil. Im oberen Bildabschnitt sieht man von links zwei Löwen, die Atum verkörpern neben dem Symbol des Horizonts. Atum, der Schöpfergott ist der Vater von Schu, dem Gott der Lüfte, und Tefnut, der Göttin der Feuchtigkeit. Das Bild zeigt ferner den Vogel* benu, *den aschgrauen Reiher, der für die*

Seele der Sonnengottheit Re steht. Die Göttinnen Isis und Nephthys, dargestellt als Falken, bewachen die Mumie der Königin. Eine weitere Gottheit in Schwarz wird mit dem Gedanken an die Ewigkeit in Beziehung gesetzt.

C) Die abgebildete Bank mit einem „ägyptischen Muster" dient zum Abstellen von Gaben.

Getragen wird die Bank von Säulen mit der königlichen Kartusche.

D) Nofretiri, die vor einem Tisch mit Opfergaben steht, reicht den Göttinnen Isis und Nephthys Wein. Hinter den beiden sieht man die Göttin Maat die ihre Schwingen schützend ausbreitet.

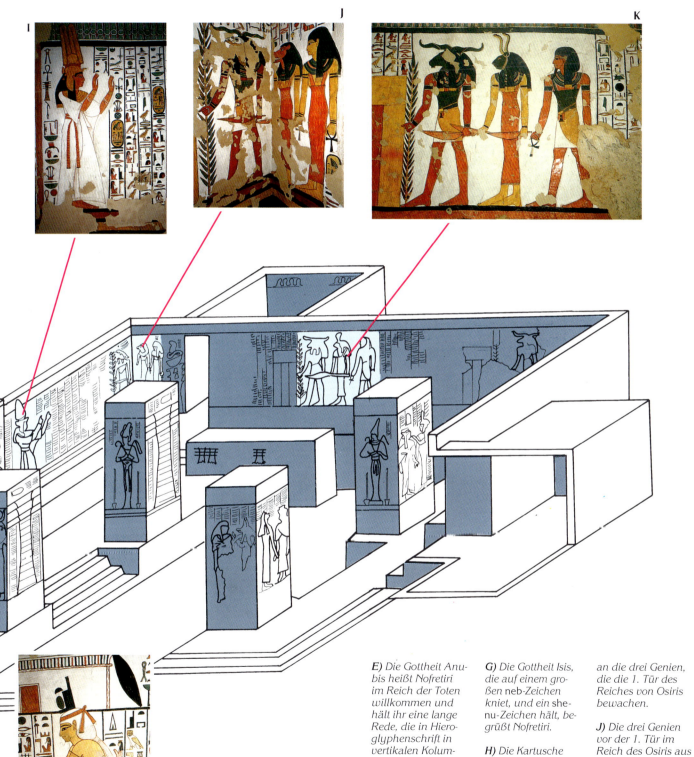

E) Die Gottheit Anubis heißt Nofretiri im Reich der Toten willkommen und hält ihr eine lange Rede, die in Hieroglyphenschrift in vertikalen Kolumnen auf der Wand angebracht ist.

F) Über der Tür, die in die Grabkammer führt, ist ein Bildnis der Göttin Maat, die ihre Schwingen ausbreitet, zu sehen.

G) Die Gottheit Isis, die auf einem großen neb-Zeichen kniet, und ein shenu-Zeichen hält, begrüßt Nofretiri.

H) Die Kartusche der Nofretiri wird von einer geflügelten Schlange und dem shenu-Zeichen bewacht.

I) Nofretiri wendet sich mit den passenden Zauberformeln an die drei Genien, die die 1. Tür des Reiches von Osiris bewachen.

J) Die drei Genien vor der 1. Tür im Reich des Osiris aus Kapitel 144 des Totenbuches

K) Die drei Genien vor der 2. Tür im Reich des Osiris aus Kapitel 144 des Totenbuches

87

88 oben Nofretiri spielt senet, *(Vorläufer des heutigen Schachspiels). Im 17. Kapitel des* Totenbuches *symbolisiert dieses Spiel die* Wirren und Probleme, die der Verstorbene zu überwinden hatte, bevor er das Reich des Osiris betreten konnte.

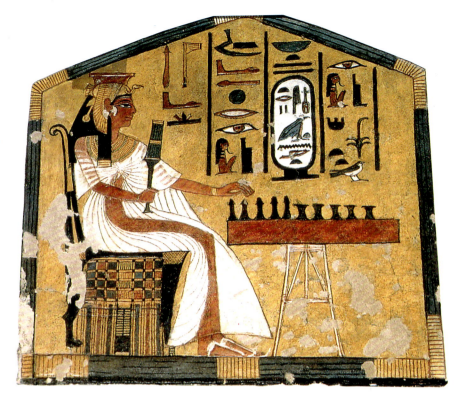

Der Grabaufbau
Eine steile Treppe führt in die erste Halle des Grabes. Diese Vorhalle ist quadratisch und setzt sich nach Osten in einem Vestibül fort, das zu einem ersten Anbau führt. An das Vestibül schließt sich eine zweite Treppe an, die in die Grabkammer führt.

Die Vorhalle
Ein erstes sehr interessantes Gemälde sieht man an der Decke der Tür, durch die man die Vorhalle betritt. Es ist eine Darstellung der Sonnenscheibe am östlichen Himmelshorizont, neben der die Göttinnen Isis und Nephthys in Form von Falken stehen und an „die Erscheinung im hellen Tageslicht" der Seele Nofretiris am Ende ihrer rituellen Reise im Grab erinnern.

An der nördlichen und westlichen Wand der Vorhalle erkennt man unter der blauen Himmelsdecke mit den gelben Sternen eine auf kleine Säulen gestützte Bank zum Abstellen der Gaben. Die Bilder an der Westmauer und auf der westlichen Seite der Südmauer beziehen sich auf Kapitel 17 des *Totenbuches* und stellen Nofretiri unter einem Baldachin beim *senet*-Spiel dar (Vorläufer des heutigen Schachspiels). Daneben folgt das königliche *ba* (in Gestalt eines Vogels), das die Seele der Königin repräsentiert. Im Anschluß daran ist Nofretiri kniend dargestellt. Dem folgen zwei Löwen, die den Gott Atum verkörpern. Als nächstes kommt ein Bild des Vogels *benu*, des aschgrauen Reihers, der die Seele des Re verkörpert. Am nördlichen Ende der Wand, sieht man ein *udjat*-Auge, ein machtvolles Schutzamulett, als Anspielung auf das Auge des Horus.

Die Abbildungen der nördlichen Wand sind teilweise zerstört. Sie beziehen sich auch auf Kapitel 17 des *Totenbuchs*. In den einzigen heute noch sichtbaren Teilen erkennt man zwei der vier Söhne des Horus, die bei einer Kapelle stan-

den. In ihr befanden sich der Gott Anubis in Gestalt eines Schakals sowie eine Darstellung von Horus und Nofretiri, die auf zwei Thronen sitzen. An der östlichen Seite der Mauer, über dem Anfang der zweiten Treppe erkennt man wieder Horus mit seinen vier Söhnen. Sie blicken, anders als in der vorherigen Szene, nach rechts.

Die Ostwand der Vorhalle wird von einer weiten Öffnung durchbrochen, an deren Seiten Darstellungen von Osiris (links) und Anubis (rechts) zu sehen sind. Diese Öffnung ermöglicht den Zugang zum Vestibül, das in den seitlichen Anbau führt.

Das Vestibül
Die Malereien im Vestibül zeigen, wie Nofretiri von den Göttinnen Selkis (links) und Neith (rechts) empfangen wird. Sie ist umgeben von anderen Gottheiten: Links ist die Göttin Hathor abgebildet, die die Königin dem Gott Chepre (mit Skarabäuskopf) vorstellt. Rechts steht Harsiesis mit Falkenkopf und der Doppelkrone von Ober- und Unterägypten, der Nofretiri vor Re-Harachte und Hathor-Imentet führt.

88 unten Vom theologisch-philosphischen Gesichtspunkt aus betrachtet, ist die Darstellung der widderköpfigen Gottheit zwischen Isis (rechts) und Nephthys (links) sehr bedeutsam. Dieses Bild symbolisiert die Vereinigung von Re und Osiris und stellt so das Thema von Tod und täglicher Wiedergeburt der Sonne dar. Der Begleittext zu dieser Szene lautet: „Hier ist Re, der in Osiris ruht, hier ist Osiris, der in Re ruht."

89 oben Im 148. Kapitel des Totenbuches wird von den sieben Himmelskühen, dem Bullen und den vier Deichselsternen gesprochen. Mit der Formel aus diesem Kapitel war es dem Verstorbenen möglich, Nahrung zu sich zu nehmen.

89 unten Nofretiri steht vor Thot, dem göttlichen Schreiber, dem „Herrn von Hermopolis". Sie trägt ihm die Formeln aus dem 94. Kapitel des Totenbuches vor, um die Palette des Schreibers zu erhalten.

Der „Raum der Webereien"

Über einer schmalen Tür im Vestibül thront ein Geier mit ausgebreiteten Flügeln, der für die Göttin Nechbet steht. Die Türpfosten sind mit Bildern der Göttin Maat, der Verkörperung der kosmischen Ordnung versehen.

Vom Vestibül gelangt man in den östlichen Seitenanbau, der von seinem Entdecker Schiaparelli und dessen Team auch „Raum der Webereien" genannt wurde. Auf der rechten Seite der Westmauer findet man eine ausgezeichnete Abbildung der Nofretiri, die Ptah, dem Gott aus Memphis, Webereien opfert.

Auf der angrenzenden Nordwand ist Nofretiri im Angesicht des Gottes Thot dargestellt, dem göttlichen Schreiber. Sie trägt ihm die in Kapitel 94 des Totenbuches aufgeführten Formeln vor, um die Palette des Schreibers zu erhalten und seine Zauberkraft zu bekommen.

Die östliche Wand des Anbaus, die der Besucher sieht, sobald er den Raum betritt, zeigt eine doppelte Opferszene: Nofretiri opfert Atum, dem Schöpfergott aus Heliopolis und Osiris, „der über dem Westen thront". Dafür erhält sie, so erläutern die Texte, „Ewigkeit, Unendlichkeit und Freude". Auf der südlichen Wand ist eine Szene aus dem 148. Kapitel des Totenbuches dargestellt. Man sieht hier die vier Deichselsterne (Ruder) und darüber den Stier und die sieben Himmelskühe. Kapitel 148 des Totenbuches trägt die Überschrift: „Formel zur Vorratsbeschaffung eines Geistes im Totenreich".

Eine letzte Szene vervollständigt die Dekoration der Westwand. Sie zeigt, zwischen den Göttinnen Isis (rechts) und Nephthys (links) den widderköpfigen Sonnengott Re zusammen mit Osiris. Der Begleittext lautet: „Hier ist Re, der in Osiris ruht, hier ist Osiris, der in Re ruht", eine herrliche Anspielung auf die Wiederkehr des täglichen Zyklus der Sonne.

Die zweite Treppe

Zwei symmetrische Szenen zieren den oberen Teil der zweiten Treppe, die in die Grabkammer führt. Nofretiri steht vor einem Opfertisch und überreicht verschiedenen Gottheiten Zeremoniengefäße, die Flüssigkeiten enthalten. Links erkennt man Hathor, Nephthys und Maat, die ihre Flügel ausbreitet. Rechts sind Hathor, Selkis und Maat dargestellt. Diesen beiden Szenen folgt die Darstellung einer geflügelten Schlange, die die Kartusche der Königin beschützt. Darunter ist Anubis, der Einbalsamierer, in der üblichen Schakalgestalt abgebildet. Er begrüßt die Königin im Reich der Toten und wird begleitet von Isis, „der großen Mutter des Gottes, der Herrin des Himmels".

Auf der gegenüberliegenden Seite ist Anubis mit Nephthys, „der Herrin des Hauses", abgebildet.

Ein langer Begleittext auf den vertikalen Spalten beschreibt, wie Anubis zu Nofretiri spricht und ihr einen Platz im „heiligen Land" verspricht. An diesem Punkt endet die Treppe in einer großen Tür, die in den Grabraum führt. Auf ihrem Bogen ist die Göttin Maat, „Tochter des Re", dargestellt. Sie hat ihre Flügel ausgebreitet und spricht folgende Worte: „Ich gewähre meiner Tochter Schutz, der großen Gemahlin des Königs, Nofretiri Meri-en-mut, der Reinen".

Die Grabkammer

Die Grabkammer, in der die Wiedergeburt des Verstorbenen auf magische Weise vor sich ging, hat eine Fläche von fast 90 m² und ist mit einer astronomischen Decke geschmückt. Sie wird von vier großen, auf allen Seiten bemalten Pfeilen gestützt. An der Ost- und Westseite der Halle befinden sich zwei kleine Anbauten. Ein dritter Anbau, die Cella, befindet sich in der Mitte der nördlichen Wand, an der Verlängerung der Hauptachse des Grabes. Im Zentrum der Kammer, zwischen den vier Pfeilern, befand sich ursprünglich der rote Granitsarkophag der Königin, von dem bei der Entdeckung aber nur noch ein Teil des Deckel vorhanden war. Die Szenen und Texte, die man auf den Wänden der Grabkammer erkennen kann, beziehen sich in der Westhälfte der Kammer auf Kapitel 144 des *Totenbuches*. Sie sprechen von den Türen des Reiches des Osiris, von ihren Wächtern und den Zauberformeln, die der Tote sprechen mußte, um sie durchschreiten zu können. Die Illustrationen der östlichen Hälfte zeigen Kapitel 146 des *Totenbuches*, das von den Türen des Reiches von Osiris auf den Feldern von Iaru handelt.

Früher waren fünf Türen in der westlichen Hälfte der Grabkammer abgebildet (nur drei sind heute noch sichtbar). Sie wurden von drei Schutzgenien bewacht, die „der Voranstehende", „der Wächter" und „der Verkünder" genannt werden. Ihnen wendet sich Nofretiri mit den Worten zu: „Ich habe den Weg geebnet, erlaube mir, hinüberzuziehen und meinen Weg fortzusetzen. Möge ich immer Re sehen". In der östlichen Hälfte der Grabkammer, die in der Vergangenheit geplündert wurde, folgen Darstellungen einer Opferszene, in der Nofretiri den drei Hauptgöttern des Jenseits – Osiris, Hathor-Imentet und Anubis – opfert, sowie der zehn Türen des Reiches des Osiris auf den Feldern von Iaru, wie sie in Kapitel 146 des *Totenbuches* beschrieben sind. Nur die letzten drei sind auch heute noch intakt. Jedes dieser Tore wurde von einem Wächter mit einem Tiergesicht bewacht. Ihm wendet sich Nofretiri zu und nennt seinen Namen, damit sie das Hindernis überwinden und ihren Weg ins Reich des Osiris fortsetzen kann.

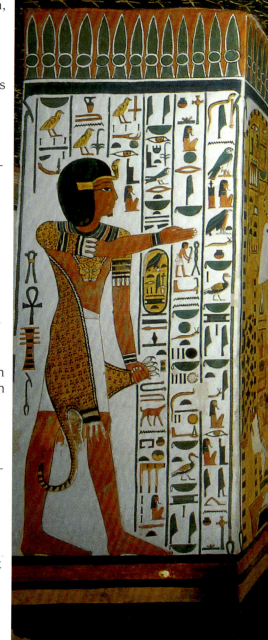

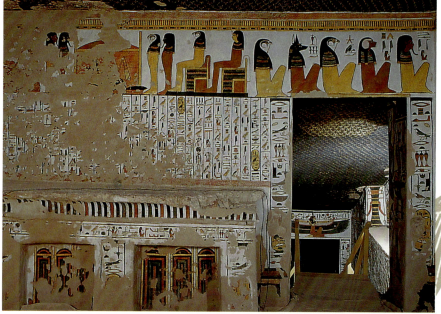

90 unten Die Nordwand der Vorhalle mit der Tür am Fuß der zweiten Treppe, die in die Grabkammer führt.

90–91 Bei dieser Aufnahme der Grabkammer sieht man auf den Pfeilern im Vordergrund zwei Darstellungen von Horus in seinen alten priesterlichen Funktionen. Auf der linken Seite ist Horus-Inmutef („Horus, Unterstützer seiner Mutter") und zur Rechten Horus-neg-itef („Horus, Säule seines Vaters") dargestellt. Die Pfeiler im Hintergrund zeigen zwei djed-Pfeiler.

91 unten Im unteren Teil der Treppe befinden sich links und rechts an den Wänden Darstellungen von Anubis, dem „Einbalsamierer, dem großen Gott, welcher in der heiligen Erde wohnt", in Gestalt eines Schakals. Die Gottheit heißt Nofretiri im Reich der Toten willkommen.

Die Pfeiler

Der Schmuck der Pfeiler in der Grabkammer ist nicht nur äußerst interessant, sondern auch vollkommen erhalten. Wenn der Besucher die Kammer betritt, wird er von zwei großen Götterfiguren in Katzenfellen empfangen, die auf den beiden südlichen Säulen abgebildet sind. Es handelt sich um Horus-Inmutef, „Horus, Unterstützer seiner Mutter" (links), und um Horus-negitef, „Horus, Säule seines Vaters" (rechts). Dies sind zwei Formen des Horus, die sich auf seine alten priesterlichen Aufgaben beziehen.

Auf der Innenseite der Pfeiler befinden sich entlang der Längsachse vier Darstellungen von Osiris, der die Geißel *(nekhakha)* und das Zepter *(heqa)* in Händen hält. Er trägt das gleiche Gewand wie Nofretiri: eine lange weiße Tunika, die an der Taille mit einem roten Band befestigt ist.

Auf den zur Innenseite der Grabkammer gerichteten Flächen der Pfeiler, entlang der Querachse, sind vier große *djed*-Pfeiler, die die Wirbelsäule des Osiris symbolisieren, abgebildet. Sie verkörpern die Ewigkeit und sind deshalb auf den Sarkophag gerichtet, dessen Hauptachse mit der Querachse der Halle zusammenfällt. Auf den sechs anderen Seiten der Pfeiler ist die Königin jeweils mit verschiedenen Gottheiten abgebildet: Hathor, Hathor-Imentet, Anubis und Isis.

92 Der bemalte djed-Pfeiler symbolisiert die Wirbelsäule des Osiris und verkörpert die Ewigkeit. An den Seiten sind die Siegel und Titel der Königin abgebildet.

93 oben links Die Gottheit Osiris wird auf jedem Pfeiler in der Grabkammer abgebildet. Hier sieht man ihn aufrecht in einem Schrein stehend mit weißer Tunika, die von einem roten Gürtel gehalten wird. Das Gewand entspricht dem der Nofretiri und symbolisiert, daß die rituelle Vereinigung zwischen Königin und Gottheit stattgefunden hat.

93 oben rechts Hier sieht man die drei Genien, die nach dem 144. Kapitel des Totenbuches die 2. Tür des Reiches von Osiris bewachen: Un-hatsen, Qed-her und Imsus. Die Genien hatten eine besondere Funktion: „der Voranstehende", „der Wächter" und „der Verkünder". Im Vordergrund sind Osiris und ein djed-Pfeiler zu erkennen.

93 unten rechts Beim Betreten der Kammer blickt man auf zwei Pfeiler mit Horusabbildungen. Hier sieht man den rechten Pfeiler, auf dem Horus-neg-itef („Horus, Säule seines Vaters") dargestellt ist. An der Seite des Pfeilers ist Osiris zu erkennen.

Cella und Anbauten

Die Dekoration der Cella ist heute völlig verlorengegangen. Der Grund dafür ist in der vollkommenen Ablösung der bemalten Schicht zu suchen, die auf eine oberflächliche Salzkristallisation aus dem darunterliegenden Stein zurückzuführen ist.

Im westlichen Anbau ist nur noch ein kleines Stück der Dekoration erhalten. Darunter erkennt man die Darstellung eines Gebäudes mit einer Säulenfassade, das an das Grab des Osiris in Abydos erinnert, in dem zwei der vier Söhne des Horus – Amset und Duamutef – zwischen zwei ibisköpfigen Schutzgeistern zu sehen sind. Man kann darin eine Anspielung auf die vier Winde sehen.

Auch der gegenüberliegende Anbau ist heute fast leer. Die einzige noch ganz lesbare Szene stellt Nofretiri vor Anubis und Isis im Gebet dar.

Die Bedeutung des Grabes

Das gesamte Dekorationsprogramm im Grab der Nofretiri ruft die rituelle Reise der Seele der Toten in Erinnerung, die in die unterirdische Welt hinabsteigt. Dort liegt das Reich des Osiris, das durch die Grabkammer symbolisiert wird. Dorthin geht Nofretiri, nachdem sie die Türen der Kapitel 144 und 146 des Totenbuches durchschritten hat. Hier vollzieht sich die Reifung und Wiedergeburt der Seele der Königin, die bei ihrer Rückkehr in die Vorhalle verklärt ist und – wie in Kapitel 17 des Totenbuches beschrieben – hell erscheint. Die Abbildungen in diesem Teil des Grabes zeigen dies. Schließlich „erscheint Nofretiri in hellem Tageslicht" und ist nun Re ähnlich, der sich am östlichen Himmelshorizont erhebt, so wie man es auf einem Bild an der Decke der Eingangstür des Grabes dargestellt hat.

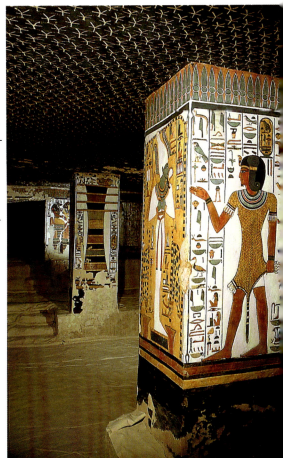

DIE „SCHLÖSSER DER MILLIONEN JAHRE"

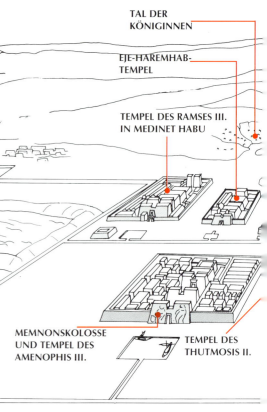

Im Neuen Reich erstreckten sich die Tempel der Pharaonen von Theben einerseits parallel zum Strom des Nil und gleichzeitig entlang der Sonnenachse in ostwestlicher Richtung. Sie waren zwischen dem bestellten Land erbaut, das jedes Jahr vom Nil überflutet wurde, und den thebanischen Bergen. Ein Netzwerk von Kanälen verband sie mit dem Fluß.

Diese Bauwerke, deren Mehrzahl praktisch verschwunden ist, wurden auch als „Grabtempel" bezeichnet. Die meisten aus Ziegelstein erbauten Tempel sind heute nur noch unförmige Ruinen, so zum Beispiel der Tempel Amenophis' III., des Merenptah, Thutmosis' IV., Thutmosis' III. und Ramses' IV. Der Aufbau und vor allem die Dekorationen der wenigen, noch gut erhaltenen Tempel, lassen vermuten, daß sie eher den Namen „Tempel der Königsverehrung" oder „Gedächtnistempel" verdienen. Tatsächlich wurden diese Tempel von den alten Ägyptern als „Schlösser der Millionen Jahre" bezeichnet. Sie wurden zur Verehrung des noch lebenden Königs genutzt. Der Pharao wurde vergöttlicht und dem Kult des Gottes Amun, der Hauptgottheit von Theben, zugeordnet. Er galt als dessen Sohn auf Erden. Die religiös-rituelle Verbindung wurde durch das Fest sed besiegelt. Bei diesem Fest wurden die Kräfte des Königs erneuert und durch ihn auch die des ganzen Volkes.

94 oben Die abgebildete Hieroglypheninschrift bedeutet „Schlösser der Millionen Jahre".

94–95 unten Auf diesem Luftbild sind im Vordergrund in der Bildmitte die beiden Memnonskolosse zu sehen, die einst vor dem Tempel Amenophis' III. standen. Die Straße an ihrer Seite führt zur Nekropole. Im Hintergrund erheben sich die Berge von Theben.

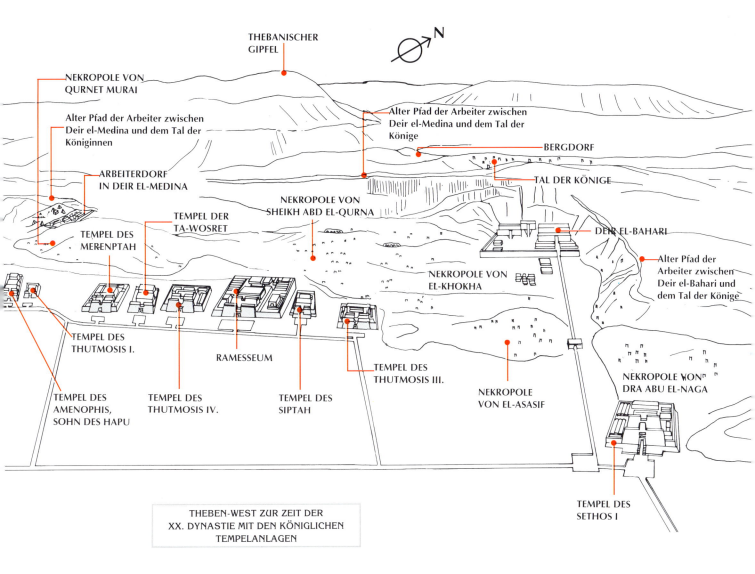

THEBEN-WEST ZUR ZEIT DER
XX. DYNASTIE MIT DEN KÖNIGLICHEN
TEMPELANLAGEN

95 unten *Der Gebäudekomplex des Ramesseum ist am Rand der grünen Felder in der Bildmitte zu sehen.*

96 unten Die Tempelanlage von Deir el-Bahari dem „Kloster des Nordens". Der Tempelkomplex liegt malerisch in einem Felsenkessel am Fuße der Berge von Theben. Die Anlage, die der Göttin Hathor geweiht war, wird vom einzigartigen Terrassentempel der Hatschepsut beherrscht, den der berühmte Baumeister Senenmut entwarf. Der Tempel erstreckt sich über drei aufeinanderfolgende Terrassen.

DEIR EL-BAHARI

96–97 Der Ausgrabungsort von Deir el-Bahari wird vom großen terrassenförmigen Tempelkomplex der Hatschepsut geprägt. An dessen Seite können die Überreste von zwei anderen Tempeln entdeckt werden: der Thutmosis' III. und der von Pharao Nebhepetre Mentuhotep (XI. Dynastie).

Der berühmteste und meistbesuchte Tempel im Westen Thebens ist der Terrassentempel, den Königin Hatschepsut in Deir el-Bahari erbauen ließ. Das Tal Deir el-Bahari liegt auf der anderen Seite der Felsen, die das Tal der Könige von der Nekropole in Sheikh Abd el-Qurna trennen und erstreckt sich etwa über eine Fläche von zwei Kilometern am Fuße der thebanischen Berge.

In Deir el-Bahari, dem „Kloster des Nordens", wurden drei Tempel errichtet: der Tempel des Nebhepetre Mentuhotep, der Hatschepsut und des Thutmosis III.
Neben dem Tempel der Hatschepsut liegt das berühmte „Versteck", in dem die Priester die Mumien bedeutender Pharaonen verborgen hatten, um sie vor Grabräubern zu schützen.

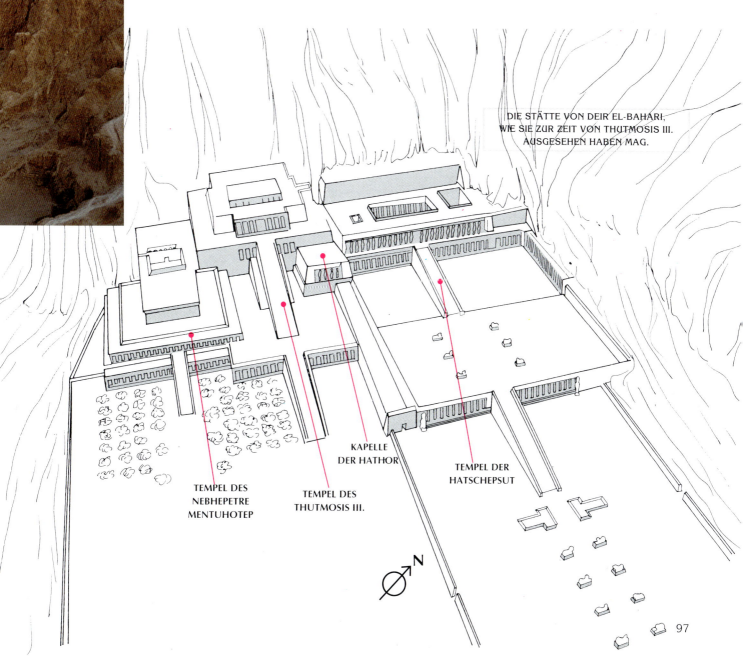

DIE STÄTTE VON DEIR EL-BAHARI, WIE SIE ZUR ZEIT VON THUTMOSIS III. AUSGESEHEN HABEN MAG.

TEMPEL DES NEBHEPETRE MENTUHOTEP

TEMPEL DES THUTMOSIS III.

KAPELLE DER HATHOR

TEMPEL DER HATSCHEPSUT

97

DER TEMPEL DES MENTUHOTEP

98 Diese Statue von Nebhepetre Mentuhotep aus bemaltem Sandstein wurde im Jahr 1900 von Howard Carter in Deir el Bahari gefunden. Sie wurde im königlichen Schrein unter der zentralen Mastaba gefunden. Ägypten verdankte Mentuhotep die Wiedervereinigung von Ober- und Unterägypten nach inneren Wirren in der Ersten Zwischenzeit. Er wird von Osiris mit der roten Krone von Unterägypten repräsentiert.

A) Erster Hof
B) Rampe
C) Terrasse
D, E) Aufnahmeraum
F) Mastaba
G) Vestibül
H) Grabkapelle für Köninginnen und Prinzessinnen
I) Kapelle der Hathor
J) Zweiter Hof
K) Eingang zum Grab von Nebhepetre Mentuhotep
L) Säulenhalle
M) Heiligtum, das mit einem Felsbrocken bedeckt wurde
N) Nische

König Nebhepetre Mentuhotep ließ als erster im heiligen Tal einen Tempel für die Göttin Hathor erbauen. Im Unterschied zu den anderen Tempeln im Westen von Theben war dies ein echter Totentempel. In ihm wurde der verstorbene König gemeinsam mit der Gottheit Amun-Re verehrt. Es kommt hier ein neues theologisches Verständnis zum Ausdruck, das sich in der Folge auch in den „Schlössern der Millionen Jahre" des Neuen Reiches zeigt. Mentuhotep, ein Herrscher der XI. Dynastie, dem die Wiedervereinigung Ägyptens zugeschrieben wird, wollte sich in der Nähe seines Grabes einen Tempel erbauen lassen. Er folgte damit einer Tradition aus dem Alten Reich, in der die Totentempel gleich neben den königlichen Gräbern auf der Ostseite der Pyramiden errichtet wurden. Die große architektonische Neuheit des Tempels von Mentuhotep erkennt man in seinem vielschichtigen Erscheinungsbild. Vom Tempel aus verlief eine Prozessionsstraße in das Tal, die in einen weiten Hof führte.

Von dem Hof aus führte eine Rampe durch eine Säulenhalle zu einer Terrasse, in deren Mitte eine Mastaba gefunden wurde. Im Hof befindet sich ein Loch, das zu einem unterirdischen Durchgang führt. Dieser führt nach 150 m zu einem Kenotaph, das genau unter der Mastaba liegt. Dort fand Howard Carter im Jahr 1900 eine bemalte Sandsteinstatute des Mentuhotep, die sich heute im Museum von Kairo befindet.

Im Westteil der Terrasse und der Mastaba befindet sich ein zweiter, von Säulen umrandeter Hof. Jener führt zum Heiligtum, das dem Königskult dienen sollte. Außerdem gelangt man von dort zu einem Komplex von sechs Grabkapellen und sechs Gräbern, die für die königlichen Gemahlinnen, Prinzen und Prinzessinnen bestimmt waren.

Ein weiterer Eingang führt über einen 150 m langen Durchgang zu einer in den Berg gehauenen Grabkammer. Der Grabkomplex des Mentuhotep war von den Gräbern der Prinzen, Prinzessinnen und königlichen Gemahlinnen umgeben. Aus diesem Bereich stammen die herrlichen Sarkophage der königlichen Gemahlinnen Kaoui und Ashait, die man Anfang dieses Jahrhunderts entdeckte und heute im Museum in Kairo besichtigen kann. Der Tempel des Mentuhotep, der von Lord Dufferin Mitte des 19. Jahrhunderts durch einen Zufall entdeckt worden war, wurde auf Betreiben der *Egyptian Exploration Society* in den Jahren 1903 bis 1907 von Edouard Naville und Charles Currely, und von 1920 bis 1931 von Herbert Winlock im Auftrag des *Metropolitan Museum of Art* (New York) freigelegt. Die archäologischen Vermessungen des Tempels wurden allerdings erst viele Jahre später, zwischen 1968 und 1970 vom *Deutschen Archäologischen Institut* in Kairo ausgeführt.

DER TEMPEL THUTMOSIS' III.

Im Verlauf der Restaurierungsarbeiten in Deir el-Bahari entdeckte man einen kleinen Tempel, dessen Bau Thutmosis III. befohlen hatte. Er befindet sich unmittelbar im Norden des Tempels von Mentuhotep und liegt zwischen jenem und dem Tempel der Hatschepsut. Der Tempel Thutmosis' III., der gegen Ende seiner Regierungszeit erbaut und Amun und Hathor – für deren Verehrung außerdem eine Kapelle errichtet wurde – geweiht war, wurde wahrscheinlich wegen eines Erdrutsches, der die Gebäude stark beschädigte, gegen Ende der XX. Dynastie aufgegeben.
Der Tempel wurde während Ausgrabungen durch das *Polish Center of Mediterranean Archeology* zwischen 1961 und 1962 entdeckt. Die Ausgrabungen wurden bis 1967 fortgesetzt und förderten herrliche, mehrfarbige Flachreliefs zu Tage, von denen heute die beiden schönsten im Museum von Luxor ausgestellt werden.
Das unter der Leitung des Wesirs Rechmire (Grab Nr. 100 auf dem Hügel Sheikh Abd el-Qurna) errichtete Bauwerk nimmt im Hinblick auf die Achse des Tals eine zentrale Stellung ein. Sein architektonischer Stil wurde ganz offensichtlich vom Tempel der Hatschepsut inspiriert. Die Tempelanlage bestand aus einem System von Rampen und Terrassen. Es gab eine weite Säulenhalle. 76 Säulen trugen das Dach der Halle entlang des Umrisses; 12 weitere größere Säulen stützten den Raum in der Mitte. Eine Halle für die Barke des Amun und das eigentliche Heiligtum schlossen sich an.
Der Tempel spielte während des *Schönen Talfestes* eine bedeutende Rolle und ersetzte wahrscheinlich den Tempel der Hatschepsut als Schlußpunkt der heiligen Prozession.

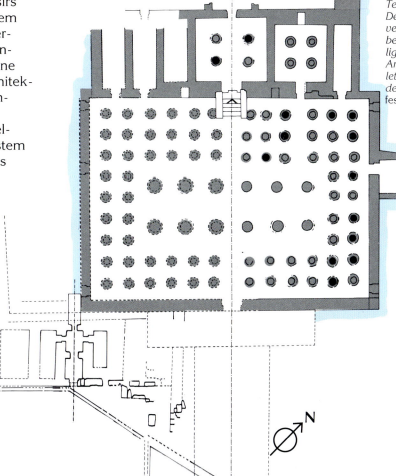

99 oben *Im Jahr 1962 legten Archäologen die Überreste eines Tempels frei, der zwischen dem Tempel der Hatschepsut und dem des Mentuhotep liegt. Thutmosis III. hatte diesen Tempel, der Amun und Hathor geweiht war, erbauen lassen.*

99 Mitte *Während der Grabungen im Bereich des Tempels des Thutmosis III. wurde ein wunderschönes Hochrelief freigelegt. Es zeigt den Pharao mit der atef-Krone. Heute ist es im Museum von Luxor zu sehen.*

99 unten *Der Rekonstruktionsplan des Tempels von Thutmosis III. basiert auf Studien des polnischen archäologischen Forschungszentrums. Im Zentrum des Baukomplexes von Deir el-Bahari gelegen, befand sich der Tempel praktisch auf der Achse der Tempel von Karnak. Der Tempel diente vermutlich zur Aufbewahrung der heiligen Barke von Amun während des letzten Abschnitts des Schönen Talfestes.*

DER TEMPEL DER HATSCHEPSUT

Der Tempel der großen Pharaonin Hatschepsut, der auch den Namen *zeser-zeseru*, „der Erhabenste der Erhabensten" trug, ist zweifellos das eindrucksvollste Bauwerk des westlichen Thebens. Der Entwurf dieses architektonischen Meisterstücks wird im allgemeinen Senenmut zugeschrieben. Er legte sein Grab selbst unter der ersten Terrasse des Tempels an. Er sollte im Schutz seiner Herrin bestattet werden, fiel aber in den letzten Jahren ihrer Regierung in Ungnade und wurde nicht hier sondern vermutlich in seinem Grab in Theben (Nr. 71) beigesetzt. Senenmut fügte den Tempel einzigartig in die Landschaft ein. In dieser Hinsicht war er sicher von den innovativen Konzeptionen inspiriert, die die Erbauer des Tempels von Mentuhotep bereits verwirklicht hatten. Er entwickelte diese Konzepte jedoch originell weiter.

Der Tempel wurde im Jahr 1891 von dem Ägyptologen Edouard Naville, der als erster den Versuch

100 Dieser Kopf aus bemaltem Kalkstein, der Hatschepsut darstellt, gehört zu den Osirispfeilern der oberen Portikus von Deir el-Bahari. Nach dem Tod ihres Gatten und Halbbruders Thutmosis II. übernahm Hatschepsut die Regentschaft für ihren minderjährigen Stiefsohn (Sohn Thutmosis' II. mit einer Nebenfrau), Thutmosis III.

einer Rekonstruktion unternahm, erneuert. Weitere Rekonstruktionen erfolgten in späteren Jahren unter der Leitung der Wissenschaftler Winlock und Baraize. Die endgültigen Ausgrabungen werden seit 1961 vom *Polish Center of Mediterranean Archeology* durchgeführt. Die gut dokumentierte Rekonstruktion des Monuments vermittelt einen Eindruck der ursprünglichen Konzeption. Die Erbauung des Tempels der Hatschepsut nahm 15 Jahre zwischen dem 7. und 22. Jahr ihrer Herrschaft in Anspruch. Bis heute vorgenommene Untersuchungen des Baudenkmals haben ergeben, daß der Originalentwurf während der Bauarbeiten tiefgreifende Veränderungen erfuhr. Möglicherweise stießen die Erbauer an ein früheres, unvollendetes Gebäude. Der von Hatschepsut für ihren Tempel ausgewählte Platz war nicht zufällig so gewählt, sondern das Ergebnis einiger Überlegungen: Erstens lag er in einem der Göttin Hathor, der Schutzheiligen der Frauen, geweihten Tal. Zweitens wurde er auf der (verlängerten) Achse des Amuntempels von Karnak errichtet. Drittens befand sich der Platz des Tempels nur wenige Meter Luftlinie vom Grab, das für die Königin Hatschepsut im Tal der Könige bestimmt war, entfernt. Das Grab hat die Nummer 20. Ähnlich wie bei dem Tempel von

A) Erster Hof
B) Erste Rampe
C) Erste Portikus
D) Zweiter Hof
E) Zweite Portikus (im Süden: Punthalle, im Norden: Geburtshalle)
F) Nördliche Portikus
G) Zweite Rampe
H) Die untere Kapelle des Anubis
I) Kapelle der Hathor
J) Dritte Portikus
K) Obere Terrasse
L) Totenkapelle der Hatschepsut
M) Schrein des Amun
N) Sonnenhof
O) Obere Kapelle des Anubis

Hauptszenen
a) Transport und Opferung der Obelisken an Amun; Prozession von Soldaten
b) Boote und Parade von Soldaten
c) Die Expedition nach Punt
d) Die göttliche Krönung der Königin
e) Die Königin vor Gottheiten

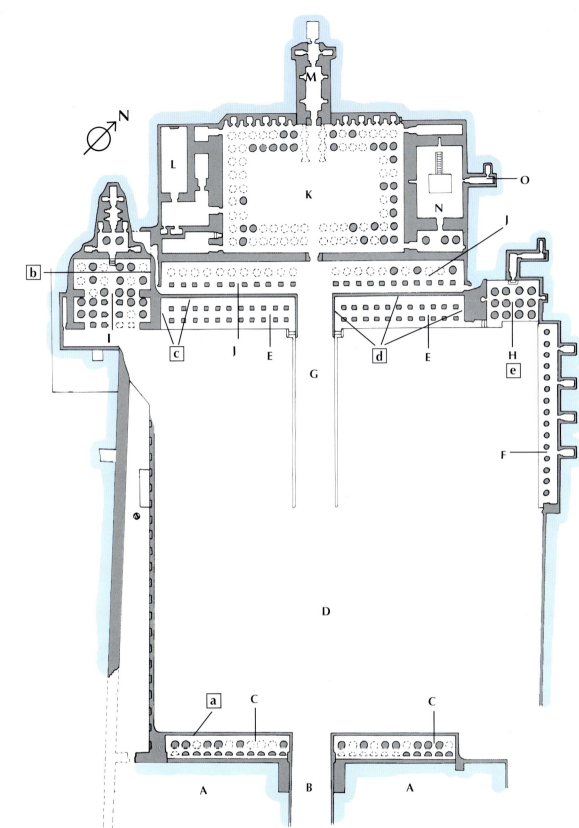

Mentuhotep gab es auch hier einen weiteren Tempel im Tal. Das heute nicht mehr vorhandene Gebäude stand am Ufer eines mit dem Nil verbundenen Wasserreservoirs. Von hier aus führte einst eine Sphinxallee bis zu einem heute beinahe vollständig verschwundenen Torbau. Von hier gelangt man auf die erste Terrasse des Tempels, die im Westen von einer Portikus mit 22 Säulen begrenzt wurde. Auf jeder Seite wurde die Terrasse von zwei Kolossen mit der Darstellung der Königin flankiert.

Die Obeliskenportikus im südlichen Teil zeigt die Darstellung des Transports von zwei großen Granitobelisken aus Assuan und deren Aufrichtung im Tempel von Karnak.

Die Jagdportikus im nördlichen Teil der Terrasse enthält rituelle Szenen von der Jagd und vom Fischen.

Von der unteren Terrasse gelangt man über eine Rampe zur mittleren Terrasse und von dort wiederum über eine Rampe zur oberen Terrasse. Die mittlere Terrasse wird von zwei Kapellen im Süden und Norden flankiert, die der Hathor bzw. dem Anubis geweiht sind.

An der Wand der zweiten Portikus sind zwei der wichtigsten Ereignisse der Herrschaft der Königin in mehrfarbigen Flachreliefs abgebil-

102 oben links Die Säulenkapitelle in der Kapelle der Hathor im Tempel der Hatschepsut sind als Bildnisse der Hathor mit Kuhohren gestaltet. Die Kuh ist das Zeichen der Hathor.

102 unten links Eines der Flachreliefs in der Hathorkapelle zeigt eine Parade der Soldaten der Königin zu Ehren der Göttin Hathor.

102-103 Die Kapelle der Hathor, die heute durch die Punthalle erreicht werden kann, befindet sich an der südwestlichen Seite des Tempels der Hatschepsut. Ursprünglich hatte die Kapelle einen eigenen Zugang über eine Rampe.

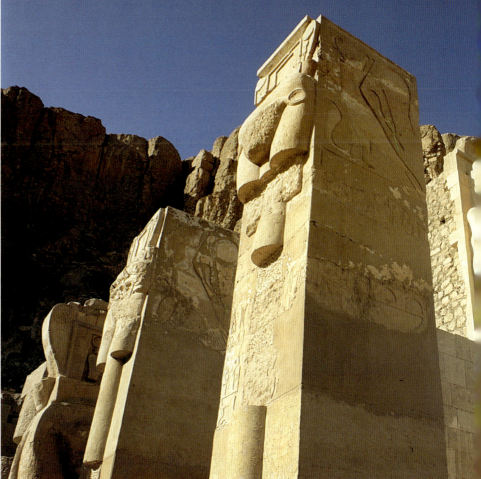

det. Die Punthalle im Süden enthält die Abbildungen der berühmten Expedition nach Punt. Die Geburtshalle auf der Nordseite zeigt die göttliche Geburt der Hatschepsut. Thutmosis I., ihr Vater, wird als Gott Amun gezeigt. Mit dieser Darstellung wird die göttliche Geburt der Pharaonin betont.

Die Kapelle der Hathor, auf der Südseite der oberen Terrasse, hatte ursprünglich einen separaten Eingang. Sie enthält ein Vestibül und eine Säulenhalle. Von hier gelangt man in das in den Fels gehauene Heiligtum, das aus einem Vestibül mit zwei Säulen und zwei Räumen besteht. Das Vestibül, das man heute durch die Punthalle betritt, beinhaltet zwei eckige Säulen in der Mitte. Diese Säulen sind im oberen Teil mit Masken geschmückt, die Hathor mit den charakteristischen Kuhohren darstellen. Die eckigen Säulen werden von zwei Gruppen von je vier Säulen flankiert. Die deutlich höher liegende Säulenhalle wird von 12 Säulen gestützt. Die Wände des Vestibüls und der Säulenhalle sind mit Szenen dekoriert, die Feiern zu Ehren der Göttin und Opferszenen für Hathor auf ihrem Boot in Form einer Kuh zeigen. Der in den Felsen gehauene Teil besteht aus einem Vestibül mit zwei Säulen. Von hier aus hat man Zugang zum eigentlichen Heiligtum, wo die geheimsten religiösen Rituale vollzogen wurden. Es besteht aus einer engen und langen Halle mit einer Gewölbedecke und vier kleinen Nischen an der Nord- und Südwand. Hier befindet sich auch der Eingang zum zweiten inneren Raum der Hathorkapelle. Die Wände dieses Raumes werden von zwei großen Nischen unterbrochen. In der Ecke einer dieser Nischen erscheint – gut versteckt – ganz unerwartet das Porträt des Senenmut. Der restliche Teil der Dekorationen des Heiligtums wird von zwei Motiven dominiert: der

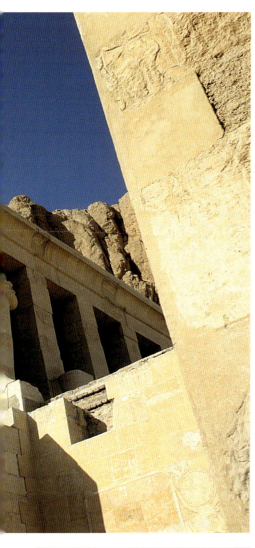

A) *Vestibül*
B) *Säulenhalle*
C) *Heiligtum*
D) *Vestibül*
E) *Nischen*
F) *erster Raum*
G) *zweiter Raum*

Hauptszenen

a) Hathor als Kuh dargestellt

b) Prozession der königlichen Soldaten und ihrer Boote

c) Hathor in Gestalt einer Kuh leckt die Hand der Königin.

d) Hatschepsut bewegt sich auf Hathor zu.

e) Hatschepsut zwischen Amun und Hathor

f) Senenmut

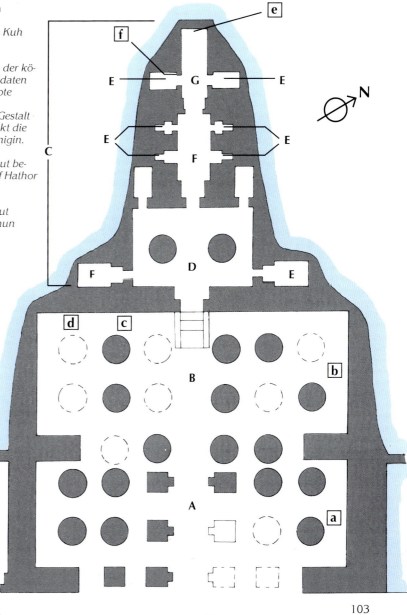

103 oben rechts
Dieses Flachrelief in der Kapelle der Hathor repräsentiert die Gottheit in der Form einer Kuh mit großen Hörnern, in deren Mitte die Sonnenscheibe ruht.

103 unten links
Das Bild zeigt die Eingangstür des Felsenschreins in der Kapelle der Hathor.

Göttin Hathor, die immer in Form einer stillenden Kuh dargestellt wird, die Hatschepsut beschützt, und die Königin, die Hathor Opfer darbringt
Schließlich findet man an der hinteren Wand des Raumes eine bedeutende Szene, die ebenfalls den Hathorkult repräsentiert: Amun und Hathor weihen die Königin, die die Doppelkrone und den Zeremonienbart trägt. Der unteren Kapelle des Anubis (Nordseite der Terrasse) ist eine Säulenhalle mit 12 Säulen vorgelagert, an deren Decke sich astronomische Darstellungen befinden. Daran schließen sich zwei Räume mit Gewölbedecken an. Eine zweite Rampe, die derzeit

104 oben links Der nördliche Teil der zweiten Portikus, getragen von einer doppelten Reihe mehreckiger Säulen, ist mit Darstellungen versehen, die von dem göttlichen Abstieg der Königin in das Reich des Jenseits und ihrer Krönung handeln. Die Nische der unteren Kapelle des Anubis öffnet sich am nördlichen Ende der Portikus.

104 oben rechts Das Bild zeigt Amun mit den Attributen seiner Gottheit, dem Zepter (was) und dem Henkelkreuz (anch).

104 unten Dargestellt ist der göttliche Schreiber Thot.

ANUBISKAPELLE
A) *Säulenhalle*
B) *Nischen*
C) *Erster Raum*
D) *Zweiter Raum*
E) *Nische*

Hauptszenen
a) *Anubis mit der Königin, (ihr Bildnis wurde abgekratzt)*
b) *Die Königin (ihr Bildnis wurde abgekratzt) mit Osiris, Re-Harachte und Nechbet*
c) *Die Königin (ihr Bildnis wurde abgekratzt) überreicht Amun-Re Opfergaben.*
d) *Die Königin (ihr Bildnis wurde abgekratzt) überreicht Anubis Opfergaben.*
e) *Thutmosis III. überreicht Opfergaben an Sokaris.*

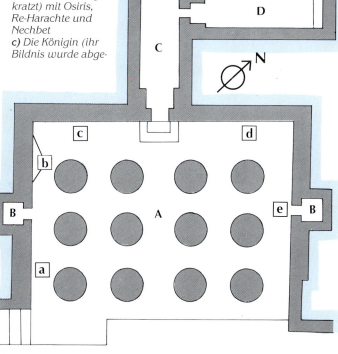

105 links Amun sitzt vor einem Tisch mit Opfergaben.

105 oben rechts Das Flachrelief über dem Eingang der Nische in der Kapelle des Anubis zeigt Königin Hatschepsut in männlicher Gestalt. Sie bringt Re-Harachte ein Weinopfer dar.

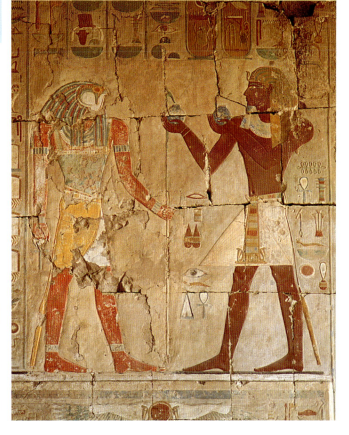

105 unten rechts Die Gottheit Nechbet, Schutzgöttin von Oberägypten, in der Gestalt eines Geiers. Zwischen ihren Krallen hält sie das shenu-Zeichen, ein Schutzamulett.

für Besucher geschlossen ist, führt von der Mitte der zweiten Terrasse zur dritten Terrasse. Ihre Portikus ist heute zum größten Teil zerstört.

Geht man durch die große Tür aus rosa Granit, gelangt man in einen von Säulen umgebenen Hof. Im Norden und Süden des Hofs sieht man zwei Bereiche, die dem Sonnenkult bzw. dem Königskult geweiht waren. Der nördliche Sonnenhof, dem Sonnenkult des Re-Harachte geweiht, schließt ein Vestibül mit Säulen ein, von dem man in einen Hof mit einem Sonnenaltar in der Mitte gelangt. Vom Hof aus erreicht man noch eine weitere Kapelle, die ebenfalls dem Gott Anubis geweiht war. Man weiß nicht genau, warum dieser Gottheit im Tempel zwei Kapellen geweiht sind. Man ist sich aber darin einig, daß Anubis in Deir el-Bahari große Bedeutung beigemessen wurde. Die anderen Totengötter, wie Osiris und Sokaris, die erst später größere Bedeutung erlangten, spielen hier eine untergeordnete Rolle. Der südliche, dem Königskult geweihte Teil der oberen Terrasse enthält ein Vestibül. Von hier hat man Zugang zu zwei, der Hatschepsut bzw. dem Thutmosis I. geweihten, Kapellen.

Geht man entlang der Tempelachse nach Westen, so stößt man auf das in den Berghang gehauene Heiligtum des Amun, das während des *Schönen Talfestes* die heilige Barke aufnehmen sollte. Dieses Heiligtum, das auch als Kultstätte für Thutmosis I. bzw. Thutmosis II. diente, wurde in der Ptolemäerzeit erweitert. Es wurde in dieser Zeit den beiden vergötterten Baumeistern geweiht: Amenophis, Sohn von Hapu, und Imhotep. Amenophis war der oberste Arbeiter Amenophis' III. Imhotep war der Konstrukteur der Stufenpyramide von Pharao Djoser in Sakkara.

Der Tempel der Hatschepsut erlitt während der Regierungszeit von Thutmosis III. einige Zerstörungen. Dieser ließ den Namen der Königin mit großem finanziellen Aufwand sehr sorgfältig entfernen, um die Erinnerung an sie auszulöschen. Amenophis IV. (Echnaton) ging sogar noch weiter: Er ließ zahlreiche Götterbilder des Tempels zerstören. Insbesondere wurden Darstellungen mit Amun, dem Hauptgott in Theben, dem großen Gegenspieler des einzigen von Echnaton verehrten Gottes, Aton, zerstört.

Weitere Zerstörungen folgten während der XIX. Dynastie, vor allem unter Ramses II., der die Zerstörung der Osiriskolosse befahl, die die Portikus der oberen Terrasse schmückten.

Im 7. Jahrhundert erfuhr der Tempel der Hatschepsut weitere bauliche Veränderungen, als hier unter dem Namen Deir el-Bahari („Kloster des Nordens") ein koptisches Kloster errichtet wurde. Die Kopten zerschlugen die Gesichter der übriggebliebenen, nach ihrer Meinung heidnischen, Gottheiten aus Ehrfurcht vor ihrem Glauben an den einen dreifaltigen Gott.

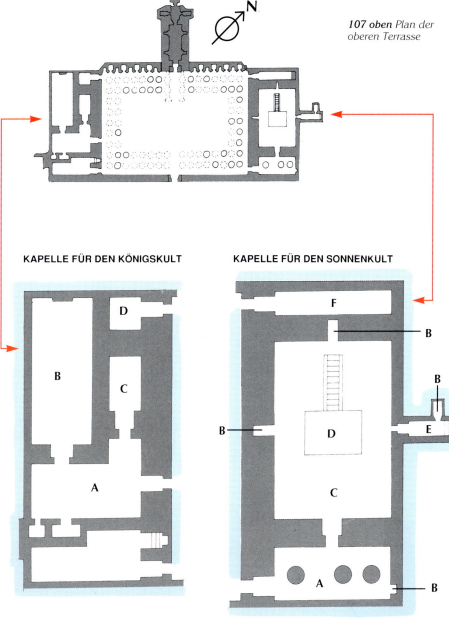

107 oben Plan der oberen Terrasse

KAPELLE FÜR DEN KÖNIGSKULT

KAPELLE FÜR DEN SONNENKULT

106 links Einer der Kolosse des Osiris, die die obere Portikus des Tempels der Hatschepsut zieren.

106–107 Überblick über die obere Terrasse, die mit einer Portikus im Osten begrenzt wird und im Westen von der Felswand der Berge. In der Mitte befindet sich der Eingang zum Heiligtum des Amun, das sich zum Berg hin öffnet.

107 unten Die Rampe, die zur oberen Portikus und zur oberen Terrasse führt.

Kapelle für den Königskult

A) *Vestibül*
B) *Kapelle der Hatschepsut*
C) *Kapelle des Thutmosis I.*
D) *Kapelle des Amun*

Kapelle für den Sonnenkult

A) *Vestibül*
B) *Nischen*
C) *Hof*
D) *Sonnenaltar*
E) *Obere Kapelle des Anubis*
F) *Kapelle des Amun*

Die Expedition nach Punt

Die erstaunlichsten Flachreliefs im Tempel der Hatschepsut sind die Darstellungen ihrer Expedition zum geheimnisvollen Land Punt. Sie befinden sich in der südlichen Portikus (Punthalle) der mittleren Terrasse.

Diese mehrfarbigen Reliefs mit ausführlichem Begleittext beschreiben in allen Einzelheiten die Reise entlang der Länder des Roten Meeres. Im Text werden diese Länder „Großes Grün" genannt. Folgende Szenen werden gezeigt: die Ankunft der ägyptischen Schiffe in Punt; die Pflanzen und Tiere der Region; die dem König und der Königin von Punt mitgebrachten Opfer und Geschenke; das Beladen der Schiffe mit den wichtigen, von den Ägyptern dringend benötigten Rohstoffen: Zimt, Duftholz, Gold, Harz, Pelze, vor allem aber *antyu* und *senetjer*, die beiden mit Myrrhe und Weihrauch gleichgesetzten Produkte.

Im Text heißt es dazu: „Die Schiffe wurden mit großen Mengen der Wunder des Landes Punt beladen, mit all den kostbaren Hölzern des

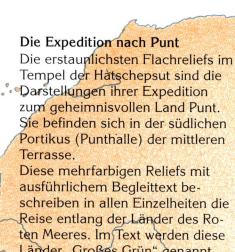

108 oben rechts Die Hieroglyphen symbolisieren den Namen Punt.

108 oben Die genaue geographische Lage des Landes Punt bleibt ein Geheimnis. Derzeit nimmt man an, daß die Küsten von Eritrea, Djibouti oder Äthiopien gemeint sein könnten.

108 unten links Die mittlere Portikus, die Punthalle, wird von einer Reihe von eckigen Säulen getragen. Dargestellt werden Szenen von der berühmten Expedition der Pharaonin Hatschepsut in das Land Punt.

108 unten rechts Der König von Punt, Parakhu, mit der Königin Ati empfängt die ägyptischen Gesandten. Das Original dieses Bildfragmentes befindet sich im Museum von Kairo, im Tempel der Hatschepsut befindet sich eine Kopie.

SÜDWAND		WESTWAND				NORDWAND

Männer tragen Bäume. — Truhen und Tiere

- 6 Geschenke für den König von Punt
- 4 Schiffe
- 5 Die Rückkehr
- 1 Ankunft der Schiffe
- 3 Vorführen der Geschenke
- 2 Die Expedition wird in Punt willkommen geheißen.
- 7 Hatschepsut überreicht Amun Geschenke.
- Hatschepsut
- Drei große Bäume
- 8 Wiegen und Messen
- Myrrhe
- Texte
- Thutmosis III. opfert Myrrhe vor der heiligen Barke, die von Priestern getragen wird.
- 9 Offizielle Bekanntgabe des Erfolges der Expedition im Angesicht von Amun
- Hatschepsut stehend
- Amun auf dem Thron
- 10 Offizielle Bekanntgabe des Erfolges der Expedition vor dem Hofstaat

109 oben Die ägyptischen Schiffe sind mit Produkten des Landes Punt beladen. Die ägyptische Expedition bestand aus fünf ungefähr 20 m langen Booten mit je 30 Ruderern.

Landes Gottes, Haufen von Myrrhegummi und lebenden Myrrhebäumen, mit Ebenholz und reinem Elfenbein, mit dem grünen Gold von Amu, mit Duftholz, genannt *tyshepses* und *khesyt* ..., mit Pavianen, Affen und Hunden, mit Pantherpelzen aus dem Süden, mit Eingeborenen und ihren Söhnen ..."

Nach einer Darstellung von der Rückkehr der Expedition nach Theben und des Wiegens und Messens der mitgebrachten Güter enden die Flachreliefs am nördlichen Teil der Portikus mit der Abbildung der Ankunft des Gottes Amun in Deir el-Bahari anläßlich des *Schönen Talfestes*. Die Königin hält eine lange Rede für Amun. Ferner wird auf dem Relief die Ansprache des Amun, des Herrn von Karnak dargestellt. Er lobt die Königin für alle ihre Taten und ihren Erfolg bei der Expedition und fährt mit der Bemerkung fort, daß er froh sei, weil die wertvollen Waren aus Punt bekräftigten, daß er das

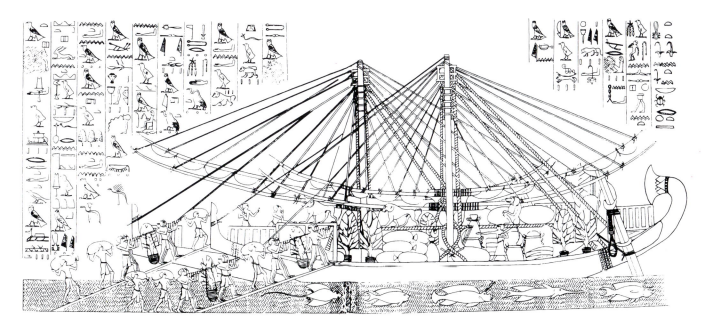

109 unten Wertvolle antyu-Bäume, Myrrhe, werden mit ihren Wurzeln in Körbe verpackt an Bord der Schiffe gebracht.

Land erschaffen habe, „um sein Herz zu erfreuen". Er bringt weiterhin zum Ausdruck, daß er letztlich für den Erfolg der schwierigen Expedition gesorgt habe, so daß er von „all den guten und schönen Dingen aus dem Land Gottes" profitieren könne und daß er zufrieden sei, daß Hatschepsut derart seinem Willen entsprochen habe und ihren göttlichen Vater ehrte.

Man weiß, daß 31 Myrrhebäume in gutem Zustand Ägypten erreichten und in den Garten des Amun beim Tempel von Karnak gepflanzt wurden. Vermutlich verhinderten jedoch die klimatischen Bedingungen, daß die Bäume anwurzelten, was später Thutmosis III. und noch später Ramses III. veranlaßte, neue Expeditionen nach Punt zu organisieren.

Die vorrangige Absicht der Expeditionen war es Weihrauch und Myrrhe zu importieren, die man nirgendwo sonst finden konnte, für den Tempeldienst aber dringend benötigte.

Aber wo lag dieses geheimnisvolle Land Punt? Die Texte mit Kommentaren zu verschiedenen dargestellten Szenen enthalten kei-

nen Hinweis darauf. Über die tatsächliche geographische Lage des Landes Punt wurden zahlreiche Hypothesen aufgestellt. Auch wenn es keinen zuverlässigen Beweis gibt, ist es doch sehr wahrscheinlich, daß Punt, das die alten Ägypter das „Land Gottes" nannten, am Roten Meer liegt. Es scheint angesichts der verhältnismäßig bescheidenen Navigationskünste der alten Ägypter, die sich viel besser auf die Flußschiffahrt als auf Seereisen verstanden, offensichtlich, daß das Land Punt nicht allzu weit entfernt liegen konnte. Diese Auffassung kann durch den Vergleich der

Durchnittsgeschwindigkeit der Schiffe jener Zeit mit der für die Expedition benötigten Zeit erhärtet werden. Die Durchschnittsgeschwindigkeit der Schiffe damals betrug ungefähr 3 bis 4 Knoten. Für die Expedition benötigte man etwa 30 bis 40 Tage für die Reise

110 links Diese beiden Ausschnitte aus einem Flachrelief zeigen einen Süß- und einen Salzwasserfisch, so daß man vermuten könnte, daß das Land Punt an der Mündung eines Flusses in das Meer lag.

110 oben rechts Der Hieroglyphentext sagt aus, daß der Kapitän der Expedition und seine Männer Brot, Wein, Bier, Fleisch und Früchte von Ägypten überreichen. Es bleibt ein Geheimnis, wie diese leicht verderblichen Waren die lange Reise unbeschadet überstanden haben.

110 unten rechts Die Bewohner von Punt lebten in kuppelförmigen Bauten, die auf Pfählen standen und über eine Leiter zu erreichen waren. Hütten mit ähnlichem Umriß sieht man heute noch in manchen Regionen des östlichen Afrika.

entlang der Küste mit vorherrschend nördlichen Winden und ungefähr drei Monate für die Rückkehr mit Gegenwind.
Ein Blick auf die Pflanzenwelt dieser Region ergibt folgendes Bild: Sowohl an den afrikanischen als auch an den arabischen Küsten wachsen der Weihrauchbaum *(Boswellia)* und der Myrrhenstrauch *(Commiphora)*. Diese Pflanzen waren die beiden wichtigsten Produkte des Landes Punt. Darüber hinaus weist die Überprüfung verschiedener archäologischer Gegenstände aus Punt auf einen afrikanischen Ursprung hin.

Das *Schöne Talfest*
In der Zeit Hatschepsuts war die Kapelle des Amun auf der oberen Terrasse des Tempels von Deir el-Bahari die Endstation der heiligen Prozession des *Schönen Talfestes*. Zusammen mit dem *Opetfest* war es das Hauptereignis im liturgischen Kalender von Theben. Das in den Wandreliefs der oberen Terrasse beschriebene *Schöne Talfest* war die älteste aller religiösen Feiern. Sie fand während des zweiten Monats der *shemu*-Zeit statt, d. h. während des 10. Monats des Sonnenjahres, das zur Zeit des Neuen Reiches mit dem Sommeranfang zusammenfiel. Dieses immer wiederkehrende Fest wurde ursprünglich in der Zeit des Nebhepetre Mentuhotep gefeiert.
Das *Schöne Talfest* war im wesentlichen eine „Feier der Toten", bei der die Familienmitglieder der Toten die Gräber ihrer bestatteten

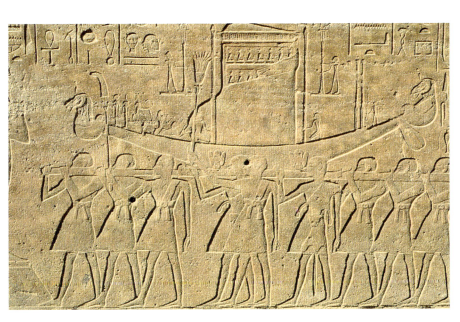

111 Diese Abbildung zeigt den Transport der heiligen Barke von Amun, die seinen Schrein mit dem Götterbild enthielt, während des Schönen Talfestes. *Aus Anlaß dieses Festes wurde Amun an das westliche Ufer von Theben gebracht, dort machte man in den verschiedenen Tempeln der königlichen Verehrung Halt, um so den vergöttlichten, toten Königen die Ehre zu erweisen.*

Verwandten besuchten, dort einige Zeit verbrachten, aßen und Freunde empfingen, die ihre Aufwartung machten.
Bei dieser Gelegenheit nahm der Gott Amun in Begleitung von führenden Einwohnern Thebens an einer großen Prozession am Westufer teil, mit der Absicht, die Götter des Westens und die vergöttlichten toten Könige zu besuchen.
Die Priester des Tempels von Karnak stellten einen Schrein auf, der das heilige Götterbild, das symbolisch auf einer Barke befestigt war, beinhaltete. Der Schrein wurde von den Teilnehmern des Festes auf den Schultern bis zur Landungsbrücke getragen. Anschließend stellte man ihn an Bord des prunkvollen Schiffes *userhat,* was man mit „der mächtige Bug" übersetzen kann, auf. Das Boot des Königs schleppte nun das prachtvolle Schiff mit dem heiligen Schrein. Begleitet wurden sie dabei von den Booten der Gottheiten Mut und Chons. Die drei Götter Amun, Mut und Chons bildeten die *Thebanische Triade*. Die Boote überquerten den Nil, und nachdem die Prozession das Westufer erreicht hatte, ging sie dem Tempel „der Millionen Jahre" des Königs entgegen. Eine rufende Menschenmenge, die rituelle Speiseopfer und Blumensträuße darbrachte, säumte den Weg. Speiseopfer und Blumensträuße erhielten durch die Berührung mit dem Götterbild nach dem Glauben der alten Ägypter Anteil an dem wahren Wesen der Gottheit. Beides wurde später auf den Gräbern in der Nekropole abgelegt, um so die Wiedergeburt der Toten zu sichern. Die Imitation der Barke des Amun wurde zunächst in das Innere des Tempels, in die Säulenhalle, gebracht. Danach trugen die Priester den Schrein des Gottes in eine nahegelegene Kapelle, in der auch das Ritualbild des Pharaos stand. Jenes verwandelte sich magisch in das heilige Bild der Gottheit. Die Priester ließen die Barke des Amun die ganze Nacht über dort. Am nächsten Tag begann die Prozession um das heilige Bild erneut und umfaßte die ganze Nekropole mit einem Haltepunkt im Tempel „der Millionen Jahre" des toten Königs. Auf diese Weise wurde die ewige Natur dieses Königskultes verdeutlicht. Die Endstation der Prozession war der Tempel der Hatschepsut in Deir el-Bahari. Hier stellte man Amuns Schrein im Heiligtum des Tempels, der Kapelle des Amun, auf der oberen Terrasse ab. Er blieb dort inmitten von Blumensträußen stehen, bis er am Ende der Feierlichkeiten nach Karnak zurückgebracht wurde.

DAS „VERSTECK" VON DEIR EL-BAHARI

Überquert man den Bergkamm, der die Südgrenze des Tals von Deir el-Bahari bildet, befindet man sich bei einem von weitem praktisch unsichtbaren Felsabgrund. Er barg ursprünglich das brunnenförmige Grab der königlichen Braut Inhapis (Nr. 320). Im Jahr 1881 fand Gaston Maspero, Direktor des *Service des Anitquités de l'Egypte* (Ägyptischer Altertumsdienst), an diesem Ort das berühmte „Versteck" von Deir el-Bahari.
Eine Bande von Grabräubern hatte Gegenstände, die offensichtlich aus Königsgräbern stammten, verkaufen wollen und war erwischt worden. Auf diese Weise wurde Gaston Maspero auf das Versteck aufmerksam gemacht, in dem sich die Mumien bedeutender Herrscher befanden, wie zum Beispiel die von Amenophis I., Ramses I. und Ramses II. Gegen Ende der XX. Dynastie mehrten sich die Fälle von Plünderungen der Königsgräber durch professionelle Diebe. So beschlossen die Priester Thebens – offensichtlich etwa um das Jahr 1080 v. Chr. und bis zur Herrschaft von Pharao Siamun (978–959 v. Chr.) und des Hauptpriesters Pinodjem II. (990–969 v. Chr.) – die Mumien der bedeutendsten Pharaonen vor der Entweihung zu retten und die Überreste in diesem felsigen Abgrund der Berge von Theben zu verstecken.

112 oben Im Jahr 1881 entdeckte Gaston Maspero dieses Versteck in einem kleinen Tal südwestlich von Deir el-Bahari, das von weitem in der Felswand praktisch unsichtbar war. Dieses berühmte „Versteck" von Deir el-Bahari enthielt die Mumien einiger der berühmtesten Pharaonen Ägyptens. Im Geheimen waren sie von Priestern während der XXI. Dynastie dorthin gebracht worden, um sie vor der Entweihung durch Plünderer zu bewahren.

112 unten Die Mumie von Ramses II. war in einem hölzernen Sarkophag verborgen, der zu diesem Zweck ein zweites Mal benutzt wurde und aus der Spätzeit der XVIII. Dynastie datiert. Der Text, der auf dem Sarkophag steht, erzählt die Geschichte des Ortswechsels der Mumie, die zunächst in das Grab von Sethos I. transportiert wurde und dann ihre letzte Ruhestätte an diesem Ort etwa im Jahr 970 v. Chr. zur Zeit der Regierung von Pharao Siamun fand.

DAS GRAB DES SENENMUT

(Nr. 353)

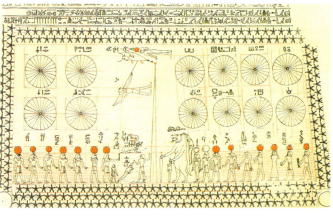

113 oben Das Bildnis von Senenmut, dem berühmten Architekten der Königin Hatschepsut, der für den Bau des Tempels von Deir el-Bahari verantwortlich war, befindet sich am Himmelsgewölbe seines Grabes. Das Grab liegt im Nordwesten des Tempeleingangs. Es war so geplant, daß die Grabkammer eine Verbindung zum Hof des Tempels hatte.

An der Nordseite des Tempels der Hatschepsut, kurz vor dem Eingang zur unteren Terrasse, befindet sich eine kleine, tiefe und hohle Öffnung. Es handelt sich um den Rest einer alten Lehmmine, an deren Ende man den Eingang zum unvollendeten Grab von Senenmut, dem „Großen Aufseher von Amun" erreichen kann. Senenmut spielte vor allem ab dem siebten Jahr der Regentschaft der Hatschepsut eine bedeutende Rolle Er hatte zu diesem Zeitpunkt bereits ein großes, eindrucksvolles Grab in der Nekropole von Sheikh Abd el-Qurna für sich errichten lassen. Von diesem Grab (Nr. 71) ist heute nichts mehr erhalten. Sein Grab in Deir el-Bahari wurde so tief in den Fels gehauen, daß sich der gesamte Komplex in genauer Übereinstimmung mit der ersten Terrasse befand. Der lange, steil abfallende Korridor führt in einen sehr kleinen Raum, an dessen Wänden Texte aus dem *Totenbuch* stehen. Die Decke dieses Grabes gehört zu den ältesten bekannten ägyptischen Grabdecken mit astronomischen Darstellungen. Die 12 Monate des Mondjahres sowie die Sterne und Gestirnkonstellationen der nördlichen Hemisphäre werden dargestellt.

Von diesem kleinen Raum ausgehend, führt ein absteigender Korridor zu einem anderen Raum und schließlich zur Grabkammer. Durch das Studium der Decke im ersten Raum war es möglich, die genauen Positionen von Jupiter und Mars in der Zeit der Hatschepsut und des Senenmut festzustellen. Das Datum und die Umstände des Todes des Senenmut bleiben ein Geheimnis.

113 Mitte und unten rechts Das Himmelsgewölbe des Grabes enthält eine sehr genaue Darstellung der Gestirnkonstellationen der nördlichen Hemisphäre sowie eine Darstellung der 12 Monate des Jahres, von 12 Kreisen mit einem Rad symbolisiert. Die Studien der Gestirnkonstellationen haben ergeben, daß es sich wohl um die des Jahres 1463 v. Chr., dem 18. Jahr der Regentschaft von Thutmosis III. handelt.

113 unten Das Grab des Senenmut besteht aus einem engen Korridor, der 60 m in die Tiefe, zu der sich dort befindlichen Grabkammer, führt. Die Grabkammer ist unvollständig geblieben. Senenmut, der in den letzten Jahren der Regierung von Hatschepsut in Ungnade fiel, wurde jedoch in einem anderen Grab beerdigt, das er sich in der Nekropole von Sheikh Abd el-Qurna geschaffen hatte.

DER TEMPEL SETHOS' I.

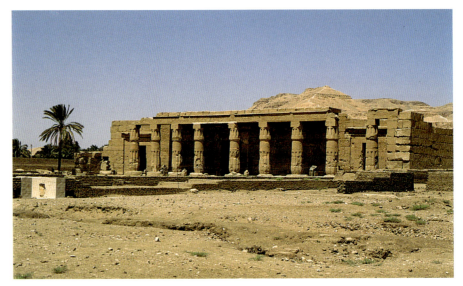

Der nördlichste Tempel in Theben-West ist der von Sethos I., der sich in der Nähe des Dorfes Qurna befindet. Die Reisenden des 19. Jahrhunderts nannten ihn „Tempel von Qurna", die Einheimischen, *Qasr el-Rubaiq*. Es ist wahrscheinlich, daß sich dort, im Dorf *Heft-her-nebes* – man kann dieses Wort mit „Stadt vor ihrem Meister" übersetzen – in jener Zeit das Verwaltungszentrum des westlichen Thebens befand. Sethos I. weihte diesen Tempel dem Amun-Re und dem Kult seines Vaters Ramses I. Dieser Pharao hatte in seiner kurzen Regierungszeit keine Zeit, den Bau seines eigenen Gedächtnistempels anzuordnen. Im südlichen Bereich des Tempels Sethos' I. ist ihm daher eine Kapelle geweiht worden.

Als Sethos I. starb, war sein Tempel noch nicht fertiggestellt. Ramses II. legte einen Sonnenhof an und vollendete den Bau. Der Tempel wurde von einer hohen Umfassungsmauer umschlossen, und zwei Pylonen dienten als Begrenzung der beiden Höfe. Von dem großen Portal des ersten Pylonen erstreckt sich eine Reihe von Sphinxen über die beiden Höfe bis zu der Säulenhalle. Im südlichen Teil des ersten Hofes stand der Königspalast.

Die räumliche Nähe vom Königspalast zum Tempel wurde hier zum ersten Mal in der Geschichte Ägyptens hergestellt und später wiederholt. Es handelt sich um eine Bauweise, deren Funktion vorrangig ritueller Natur entsprang. Der königliche Palast ermöglichte es dem verstorbenen König, während der großen Feste im Thronsaal, in dem eine Statue von ihm stand, anwesend zu sein. Die Pylonen des Tempels waren aus unbeständigen Materialien,

114 Mitte oben Blick auf den Tempel von Sethos I. in Qurna, der an dem Weg errichtet wurde, der in das Tal der Könige führte. Nur der mittlere Teil des Gebäudes, der aus Steinblöcken konstruiert wurde, ist heute noch gut erhalten. Ursprünglich befanden sich davor zwei Pylonen aus getrocknetem Ziegelstein, von denen nichts mehr erhalten ist.

114 Mitte unten Der Pharao überbringt der vergöttlichten Königin, Ahmes-Nofretiri Gemahlin des Ahmose (18. Dynastie), Opfer.

114 unten Sethos I. ist beim Weinopfer gezeigt. Er trägt in seinen Händen zwei rituelle Gefäße.

114 oben Das Deutsche Archäologische Institut legte diese Überreste des Tempels von Sethos I. frei. Der alte Name des Tempels lautete: „Ruhmreich ist Sethos im Westen von Theben".

wie ungebranntem Ziegelstein, erbaut und sind heute vollständig verschwunden.

Der eigentliche, aus Sandstein erbaute Tempel jedoch ist gut erhalten. Er weist eine dreigliedrige Bauweise auf, in deren Zentrum sich die Säulenhalle mit eleganten Säulen in Form von Papyruspflanzen findet. Wie im Tempel der Hatschepsut gibt es nach Süden hin einen dem Königskult geweihten Bereich und im Norden einen dem Sonnenkult geweihten Bereich. Der nördliche Abschnitt umfaßt einen Hof mit einem zentralen Altar, der von Nischen mit Statuen des Königs umgeben ist. Symbolisch konnte der König so an den, dem Amun-Re dargebrachten, Opfern teilhaben.

Die Flachreliefs, welche die Tempelwände verzieren, haben einen äußerst eleganten, der Zeit der XVIII. Dynastie entsprechenden Stil.

Der Tempel hatte außerdem Magazine, die zum Teil speziell für die Aufbewahrung von Agrarprodukten errichtet worden waren. Auch dies ist eine Besonderheit, da Lagerräume hier erstmalig auftreten. In den später errichteten Tempeln, insbesondere im Ramesseum, dem Gedächtnistempel Ramses' II., wurde die bauliche Konzeption des Tempels von Sethos I. weiterentwickelt.

Der Tempel Sethos' I. war der erste Haltepunkt der Prozessionen während des *Schönen Talfestes*. Er behielt diese Funktion bis in die Römerzeit, als die Gegend in eine Art industrielle Zone umgewandelt wurde, in der viele Handwerker arbeiteten. In der Zeit der Kopten wurde der Tempel in ein Kloster umgestaltet. Viele Jahrhunderte später ließen sich die Bewohner des nahen Dorfes Qurna innerhalb der Umfassung nieder. Sie nutzten zur Errichtung ihrer Häuser oft das Tempelmaterial.

Das *Deutsche Archäologische Institut* arbeitet seit dem Jahr 1972 an der Restaurierung der gesamten Anlage.

115 oben Sethos I. steht vor Amun.

115 unten Der Widderkopf, mit einer Sonnenscheibe gekrönt, war das Zeichen der großen Barke des Amun, dessen Schrein sich im Hauptteil des Tempels befand.

A) *Umfassungsmauer*
B) *Erster Pylon*
C) *Königspalast*
D) *Erster Hof*
E) *Prozessionsweg*
F) *Gegenwärtiger Eingang*
G) *Zweiter Pylon*
H) *Zweiter Hof*
I) *Magazine*
J) *Säulenhalle*
K) *Säulenhalle*
L) *Vestibül*
M) *Heiligtum*
N) *Raum mit vier Säulen*
O) *Kapelle für den Königskult*
P) *Hof für den Sonnenkult*

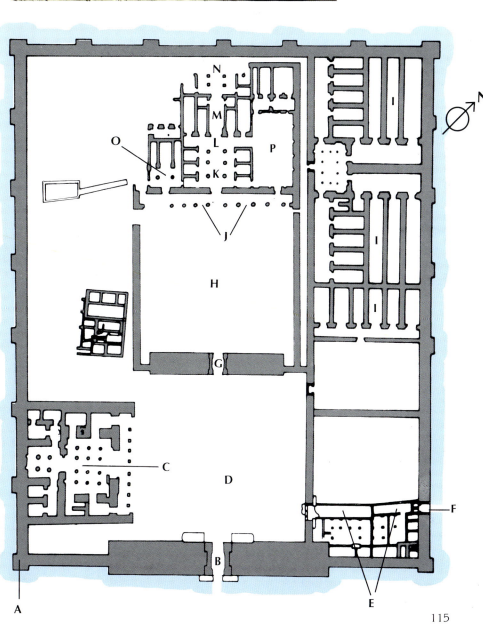

DAS RAMESSEUM

Der Tempel Ramses' II. gilt als das schönste und eleganteste Monument des westlichen Thebens. Auch Champollion vertrat diese Ansicht und schrieb in einem Brief: „Das Ramesseum ist, was große Denkmäler betrifft, vielleicht das vornehmste und reinste in Theben."

Der Bau des Ramesseum begann bald nach der Thronbesteigung Ramses' II. unter Leitung der Architekten Ameneminet und Penre. Die beiden Baumeister führten viele architektonische und stilistische Neuerungen ein. So verwendeten sie Sandstein für die Pylonen. Ferner erbauten sie von Sphinxen flankierte Prozessionsalleen, die sich parallel zu den drei Seiten des äußeren Gürtels erstreckten. Beendet wurde der Bau wahrscheinlich um das 22. Jahr der Herrschaft des Pharaos Ramses II., sicher jedoch vor dem 30. Jahr, als die großen Jubiläumsfeierlichkeiten stattfanden.

Das Ramesseum umfaßt eine Fläche von etwa 15 000 m². Der Tempel ist in klassischer Art strukturiert und reproduziert die Hauptmotive des Tempels von Sethos I. Zu ihm gehören eine Umfassungsmauer, zwei Pylonen und zwei Höfe, die sich vor dem Komplex der Säulenhalle erstrecken, der höher liegt als die Höfe.

Außerhalb der zentralen Bauwerke des Tempels gibt es andere Bauten, vor allem große Magazine aus ungebranntem Ziegelstein mit Gewölbedecken, die im Norden, Westen und Süden der Anlage liegen. Sie dienten als Lager der verschiedenen Produkte aus den zahlreichen Besitztümern des Tempels. Die verschiedenen (landwirtschaftlichen) Produkte wurden für die täglichen Opferri-

A) *Erster Pylon*
B) *Erster Hof*
C) *Palast Ramses' II.*
D) *Koloß Ramses' II., der „Sonne der Prinzen"*
E) *Zweiter Pylon*
F) *Zweiter Hof*
G) *Originalplatz des Kolosses von Ramses II., dessen Kopf von Belzoni außer Landes geschafft wurde.*
H) *Vestibül*
I) *Säulenhalle*
J) *Saal der Barken*
K) *Saal der Litanei*
L) *Heiligtum*
M) *Tempel der Tuya und der Nofretiri*

Hauptszenen
a) *Schlacht von Kadesch*
b) *Sieg über eine syrische Stadt im 8. Jahr der Herrschaft*
c) *Schlacht von Kadesch und Minfest (Erntefest)*
d) *Erstürmung der Stadt Dapur*
e) *Ramses II. wird von Sechmet, Amun-Re und Chons geweiht.*
f) *Die heilige Barke während der Prozession beim Schönen Talfestes*
g) *Litanei an Re-Harachte und an Ptah*

116 oben Hieroglyphen gaben einst den Namen des Ramesseum an. Die Übersetzung heißt: „Tempel der Millionen Jahre von Usermaatre, der mit Theben verbunden ist im Angesicht von Amun im Westen von Theben".

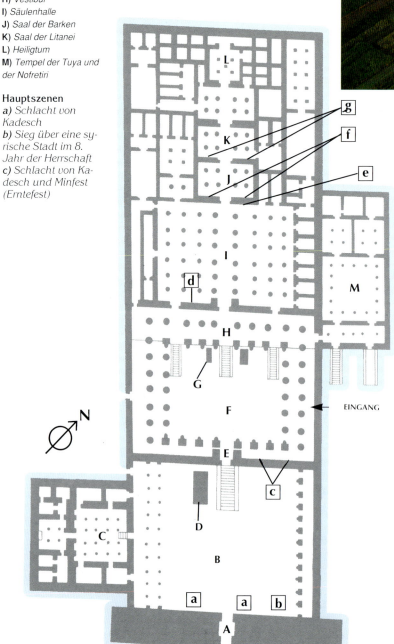

117 rechts Der antike Name des Ramesseum wurde auf diesem Steinblock verewigt.

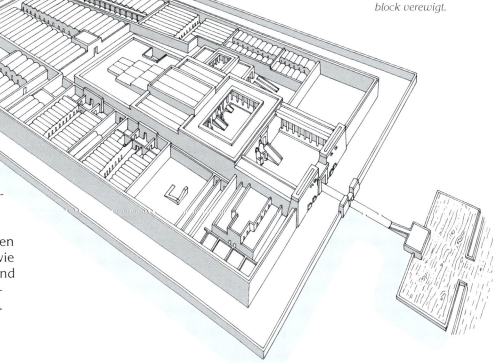

tuale und zum Unterhalt für die Priester, die die Dienste im Tempel leiteten, verwendet. Außerhalb der Nordwand des Haupttempels wurde ein Tempel für den Kult der Mutter des Pharaos sowie dessen Gemahlinnen Nofretiri und Mut-tui errichtet, dessen Fundamente noch heute sichtbar sind. In der nordwestlichen Ecke des äußeren Gürtels stand eine der Prinzessin Meritamun geweihte Kapelle.
Die Außenseite des ersten Pylonen wurde zum größten Teil durch einen Erdrutsch zerstört. Die Innenseite ist jedoch gut erhalten und zeigt Darstellungen der syrischen Feldzüge Ramses' II. Einige dieser Darstellungen haben die berühmte Schlacht von Kadesch

116–117 Luftbild des gesamten Komplexes des Ramesseum. Am Anfang des 20. Jahrhunderts war das Ramesseum an drei Seiten von Dämmen umgeben.

Bis zur Erbauung des Assuanstaudammes erreichte das Hochwasser des Nil den Fuß des ersten Pylonen. Hier befinden sich nun bestellte Felder.

117

118 oben Dieses ursprünglich vielfarbige Relief stellt die Schlacht von Kadesch dar.

118–119 Das Bild zeigt einen Blick in den zweiten Hof und auf den zweiten Pylon des Ramesseum. Der Koloß Ramses' II., der „Sonne der Prinzen" liegt am Boden.

118 unten links Das Luftbild zeigt den zweiten Hof, das Vestibül und die Säulenhalle des Ramesseum. Im Hintergrund sind die Fundamente des Tempels der Mutter Ramses' II. und seiner Gemahlinnen Nofretiri und Mut-tui sowie Teile der Magazine zu sehen.

118 unten rechts Die gigantischen Füße und andere Fragmente des Kolosses Ramses' II. liegen auf dem Boden des ersten Hofes.

zum Thema, die der König gegen die Hethiter beim Fluß Orontes in Syrien im 5. Jahr seiner Herrschaft schlug. Geht man durch die monumentale Tür, so betritt man den ersten Hof, in dessen südlichem Teil einmal der Königspalast stand. An der Nord- und Südseite des ersten Hofes befanden sich zwei Portiken, auf der westlichen Seite stand ein Koloß des Königs. Diese gigantische ursprünglich ca. 20 m hohe Granitstatue, die heute in Trümmern liegt, stellt Ramses, die „Sonne der Prinzen" dar. Dieses riesige Bild von Ramses II. inspirierte den englischen Dichter Shelly zu folgenden Zeilen: „Mein Name ist Ozmandias, König der Könige: Sieh auf meine Worte, du Mächtiger, und verzweifle!" Der zweite Pylon, von dem nur noch die nördliche Mauer erhalten ist, öffnet den Weg zum zweiten höher liegenden Hof. Dieser Hof, der heute den Besuchereingang birgt, war vollständig umgeben von einer Portikus, an deren Ost- und

119 oben links Ein Detail des Reliefs zeigt die Einnahme von Dapur.

119 oben Der Transport der heiligen Barke während des Schönen Talfestes.

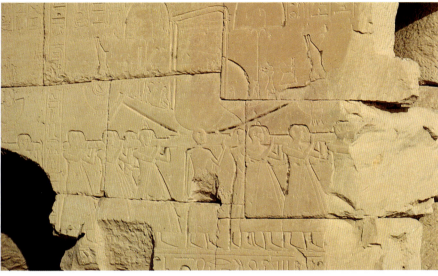

119 Mitte Der erste Pylon vom ersten Hof aus gesehen. Das monumentale Portal wurde mit luftgetrockneten Ziegelsteinen verschlossen, um die Stabilität des Bauwerks zu sichern.

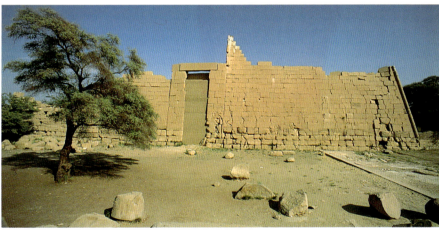

119 unten Die Statue stellt Meritamun dar, Tochter Ramses' II. Die Statue stand ursprünglich im nord-westlichen Sektor des Ramesseum. (Ägyptisches Museum, Kairo)

Westseite Osirispfeiler stehen. Osiris wird in Form einer Mumie mit gekreuzten Armen, eine Geißel und ein Zepter haltend – die charakteristischen Attribute des Osiris – gezeigt.

An der Westseite des zweiten Pylonen führt ein großes vielfarbiges Flachrelief das Thema der Schlacht von Kadesch vom ersten Pylon fort. Beschreibungen von militärischen Aktivitäten des Königs im Nahen Osten während des 8. Jahres seiner Herrschaft findet man an beiden Seiten des Reliefs. Im oberen Bereich wird das Minfest (Erntefest) dargestellt, eine bedeutsame religiöse Feier, die bei der Thronbesteigung des Königs stattfand. Ferner kann man Szenen von, an den vier Ecken des Universums freigelassenen, Vögeln und den Tanz der Nofretiri sehen. Drei parallel zueinander liegende Treppen führten vom zweiten Hof zum Vestibül. Die mittlere Treppe wurde von zwei Granitkolossen des Königs eingerahmt, von denen nur noch der Kopf der nördlichen und der Sockel der südlichen Statue übriggeblieben sind. Der obere Teil dieser Statue stürzte offenbar aufgrund eines Erdbebens in der zweiten Hälfte des 18. Jahrhunderts zu Boden. Er wurde von Giovanni Battista Belzoni, dem

120 oben links Blick auf den westlichen Teil des Ramesseum und den Saal der Litanei mit dem Heiligtum.

120–121 Der Kopf des „jungen Memnon", wie Belzoni den Koloßkopf Ramses' II. nannte, wird vom Ramesseum zum Nil transportiert. Dies war das erste große Unternehmen Belzonis, das er im Jahr 1816 durchführte.

120 unten links Die Büste des Kolosses Ramses' II. befindet sich heute im British Museum in London.

120 unten rechts Der untere Teil des Kolosses von Ramses II. befindet sich noch immer im Ramesseum.

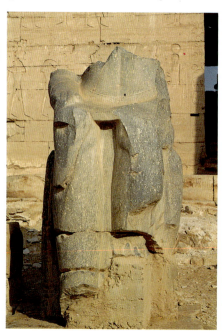

berühmten Reisenden aus Padua, im Jahr 1816 nach England gebracht und wird heute im *British Museum* gezeigt.
Eine dreifache Tür führte vom Vestibül zur Säulenhalle, deren westliche Wand heute nur noch teilweise steht. Die Säulenhalle, einst mit 48 Säulen versehen, war mit Flachreliefs verziert, die unter anderem militärische Taten des Königs zeigen. So zum Beispiel die Eroberung der Stadt Dapur im 8. Jahr seiner Herrschaft. Ferner werden die Verwandten des Königs zum Beispiel seine königliche Gemahlin Nofretiri sowie die königlichen Prinzen und Prinzessinnen dargestellt.
Außerdem zeigen die Darstellungen in der Säulenhalle Episoden von verschiedenen königlichen Aufgaben. So ist zum Beispiel die Verleihung der Krone durch die Göttin Sechmet, die von Amun-Re und Chons assistiert wird, dargestellt. Die Verleihung des Zepters, des Symbols königlicher Macht, durch Amun in Begleitung der Mut wird ebenfalls dargestellt. Von der Säulenhalle gelangt man in den sogenannten „Saal der Barken". Die Flachrelifes in diesem Raum zeigen Szenen vom *Schönen Talfest*. Man kann zum Beispiel das Besteigen der Schiffe, die an der in Karnak beginnenden Flußprozession teilnahmen, erkennen. Dieser von acht Säulen gestütze Raum ist für seine Decke mit astronomischen Darstellungen berühmt. Es handelt sich um eine Art Himmelskalender, auf dem die Sternbilder der 36 Noblen deutlich zu sehen sind. Offensichtlich diente er dazu, die genauen Zeiten für religiöse Aufgaben und Feiern zu bestimmen. Der Saal der Barken ist mit dem sogenannten „Saal der Litanei" verbunden, der den glei-

chen architektonischen Aufbau mit acht Säulen aufweist, von denen heute nur noch vier erhalten sind. Ihre Reliefs zeigen Ramses II. bei der Darbringung von Opfern für Re-Harachte und für Ptah.
Nachdem das Ramesseum gegen Ende der XX. Dynastie aufgegeben worden war, wurde es während der Dritten Zwischenzeit, als Friedhof für die Priester von Theben benutzt und während der XXIX. Dynastie als Baugrube.
Von den koptischen Gemeinden, die im 4. Jahrhundert n. Chr. in Theben-West siedelten, wurden die Reste der Tempelanlage in eine Kirche umgewandelt.
Heute ist das Ramesseum Gegenstand umfangreicher Forschungs- und Restaurierungsarbeiten, die von der französisch-ägyptischen Gruppe des *Centre Nationale de la Recherche Scientifique* (CNRS) in Paris, dem Louvre und dem *Centre d'Etudes et Documentations sur l'Ancienne Egypte* (CEDAE) in Kairo geleitet werden.

121 oben Die Magazine des Ramesseum waren in großen gewölbten Gebäuden aus luftgetrockneten Ziegeln untergebracht.

121 Mitte Der Granitkopf einer der beiden Kolosse von Ramses II., welche einst die mittlere Treppe zur Säulenhalle flankierten.

121 unten Die Weiheinschrift des Tempels mit den königlichen Kartuschen, die auch in den unteren Teil der Statuen eingraviert wurden, sind links abgebildet. Rechts hat Belzoni seinen Namen und das Datum der Entdeckung eingraviert.

DIE MEMNONSKOLOSSE

122 oben links Dieses Detailbild zeigt den oberen Teil der nördlichen Kolossalstatue.

122 unten links Zu sehen ist der südliche Memnonskoloß. Beide Figuren wurden jeweils aus einem einzigen Sandsteinblock geschlagen, der auf einem Fundament ruht. Die Statuen haben eine Höhe von 17,9 m.

Die beiden riesigen monolithischen Sitzstatuen, genannt „Memnonskolosse", befanden sich auf beiden Seiten des monumentalen Portals am ersten Pylon des Totentempels von Amenophis III. Der Tempel ist heute zerstört, war früher aber vermutlich der größte Tempel Thebens. Die beiden Kolosse des göttlichen Pharaos sind das großartige und einzige Zeugnis der bombastischen Konstruktion des Tempels des Amenophis III.

Die beiden Kolossalstatuen sind jeweils aus einem einzigen Sandsteinblock geschnittenen. Diese Blöcke stammten aus dem Steinbruch von Gebel el-Ahmar bei Kairo.

Infolge eines Erdbebens im Jahr 27 v. Chr. sprang der nördliche Koloß in Gürtelhöhe ab. Fortan konnte man morgens ein außergewöhnliches Phänomen beobachten: Durch die Hitze der Sonnenstrahlen, die nach der Feuchtigkeit der Nacht auf die Statue trafen, begann der Koloß zu „singen".

Die alten Ägypter suchten nach einer Erklärung. Sie fanden sie in der Legende Homers über Memnon, Sohn der Eos (Aurora) und des Tithonos, der von Achill getötet wurde. In Theben sei er als Statue wiedergekehrt, die jeden Morgen beim Anblick seiner Mutter, die sich in den Himmel erhob, Klagen dorthin aussandte. Dieses Phänomen machte die Kolosse berühmt und zog viele ägyptische, griechische und römische Besucher an, was zahlreichen Inschriften auf dem Sockel der Statue bestätigen.

Im Jahr 199 n. Chr. ließ Septimius Severus den oberen Teil der Statue wiederherstellen; seither ist der Koloß verstummt.

122–123 Die Memnonskolosse standen einst vor dem ersten Pylon des großen Totentempels von Amenophis III., der heute zerstört ist. Die beiden Kolosse werden von zwei kleineren Figuren flankiert. Sie zeigen die königliche Gemahlin Teje und die Mutter von Amenophis III., Mutemuja.

122 unten rechts Dieses Detail des südlichen Kolosses zeigt Königin Teje. Sie ist, ihrer untergeordneten Bedeutung entsprechend, wesentlich kleiner dargestellt als Amenophis III. und reicht lediglich bis an das Knie des Kolosses.

123 oben Auf der Rückseite der Kolosse befindet sich in vertikalen Buchstaben die Weiheinschrift.

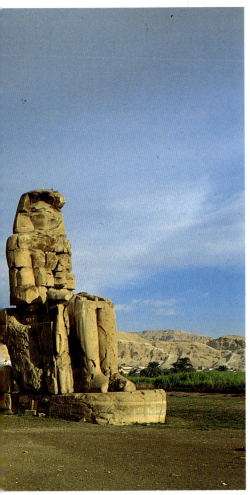

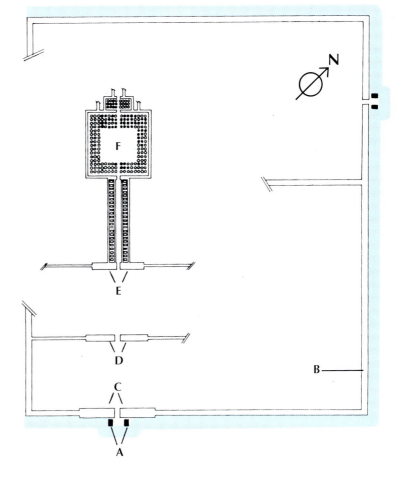

123 Mitte Ein Luftbild der Memnonskolosse und des Platzes, an dem einst der Tempel stand.

123 unten Der Plan des Totentempels Amenophis' III., der von dem berühmten Baumeister Amenophis, Sohn des Hapu, entworfen wurde, ist hier abgebildet.

A) Memnonskolosse
B) Umfassungsmauer
C) Erster Pylon
D) Zweiter Pylon
E) Dritter Pylon
F) Der Hof für den Sonnenkult

MEDINET HABU

Die Tempelanlage von Medinet Habu wird von einer hohen Ziegelmauer umgeben. Sie besteht aus mehreren, beeindruckenden Tempeln.
Der Totentempel Ramses' III. liegt im Süden, im Norden befindet sich ein Tempelpalast, den Eje und Haremhab hier erbauen ließen, und im Osten ließen Hatschepsut und Thutmosis III. einen Tempel errichten. Der sogenannte „Kleine Tempel" von Medinet Habu durchbricht die Umfassungsmauer, so daß das Heiligtum weiter in die Länge wuchs. Medinet Habu bedeutet „die Stadt von Habu". Der Ursprung dieses Namens ist nicht bekannt. Nach einer Hypothese, gehört „habu" zu dem Wort *hbw*, das Ibis meint. Ibis war der heilige Vogel der Gottheit Thot, der ein kleiner ptolemäischer Tempel aus späterer Zeit in Qasr el-Aguz ganz in der Nähe geweiht war.

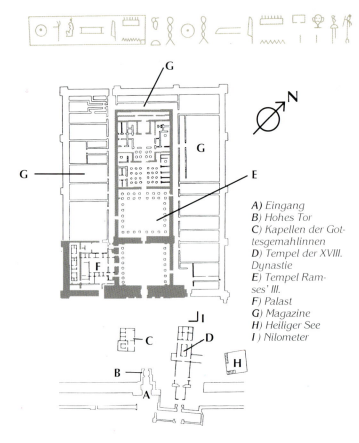

A) Eingang
B) Hohes Tor
C) Kapellen der Gottesgemahlinnen
D) Tempel der XVIII. Dynastie
E) Tempel Ramses' III.
F) Palast
G) Magazine
H) Heiliger See
I) Nilometer

124 oben Das Luftbild zeigt den Bezirk von Medinet Habu, der von einer mächtigen Mauer aus luftgetrockneten Ziegeln umgeben ist. Der gewaltige Tempel von Ramses III. dominiert den Platz. Er wird von einem kleineren Tempel aus der XVIII. Dynastie flankiert. Auf der rechten Seite sind gerade noch die wenigen Überreste des Tempels der Pharaonen Eje und Haremhab zu sehen.

124–125 Der erste Pylon mit einer Länge von 63 m und einer durchschnittlichen Höhe von 20 m begrenzt den Hof des Tempels von Ramses III. Sein Bauplan weist große Ähnlichkeit mit dem Ramesseum auf.

124 unten links Eine Hieroglypheninschrift bezeichnet den alten Namen des Tempels. Er lautet übersetzt: „Tempel der Millionen Jahre von Usermaatre Meriamun, der mit Theben verbunden ist im Angesicht von Amun im Westen von Theben".

124 unten rechts Der Tempel von Ramses III. unterscheidet sich von anderen Tempeln durch eine Art Wehrturm. Der Tempel erhält dadurch den Charakter einer Festung.

125 oben *Eines der bekanntesten Flachreliefs des Tempels Ramses' III. in Medinet Habu befindet sich an dessen nördlicher Wand. Dargestellt wird der Kampf Ramses' III. gegen die Seevölker im 8. Jahr seiner Herrschaft.*

Es ist ebenfalls denkbar, daß das Wort „habu" von Hapu abgeleitet wurde, da ganz in der Nähe auch der Totentempel Amenophis', Sohn des Hapu, des berühmten Baumeisters Amenophis' III., steht.

Im ersten Jahrtausend v. Chr. wurde Medinet Habu als eine Begräbnisstätte der *Ogdoade,* der ersten vier Götterpaare, angesehen. In regelmäßigen Abständen, zum sogenannten *Fest des zehnten Tages,* begab sich der Gott Amun von Luxor, dem Geburtsort der Götter der *Ogdoade,* nach Medinet Habu, um dort die Totenzeremonie für seine Vorfahren zu vollziehen, wodurch er ihnen neues Leben schenkte und auch sich selbst erneuerte.

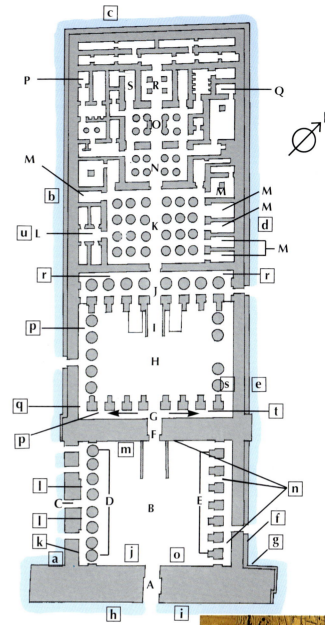

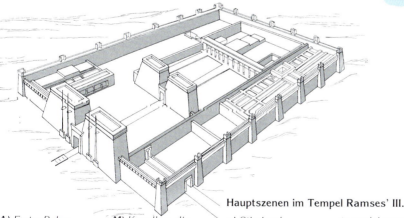

125 unten rechts
Die Darstellung auf einem Torpfeiler an der Südseite des Tempels von Ramses III. zeigt Priester, die riesige Fächer halten.

Hauptszenen im Tempel Ramses' III.

A) Erster Pylon
B) Erster Hof
C) Erscheinungsfenster
D) Glockenförmige Säulen
E) Osirispfeiler (Stützpfeiler)
F) Zweiter Pylon
G) Osirispfeiler
H) Zweiter Hof
I) Rampe
J) Osirispfeiler
K) Große Säulenhalle
L) Königliche Schatzkammer
M) Kapellen, die verschiedenen Gottheiten und dem vergöttlichten König geweiht sind.
N) Erster Säulenvorsaal
O) Zweiter Säulenvorsaal
P) Kapelle von Ramses III.
Q) Kapelle von Re-Harmachis
R) Schrein für die heilige Barke von Amun (Heiligtum)
S) Kapelle von Mut und Chons

a) Stierjagd
b) Religiöser Kalender; Text des 12. Jahres
c) Expedition Ramses' III. nach Oberägypten (Nubien)
d) Schiffskampf gegen die Seevölker
e) Der König mit Gefangenen und mit den Philistern
f) Der Kampf gegen die Libyer
g) Zerstörung der hethitischen Festung
h) Der Pharao zelebriert die rituelle Übergabe der Gefangenen an Re-Harachte und Amun-Re.
i) Der Pharao zelebriert die rituelle Übergabe der Gefangenen an Amun-Re und Ptah.
j) Der Pharao schlägt die Libyer; Text aus dem 2. Jahr
k) Der König nimmt am Schönen Talfest teil; Militärparade.
l) Kampf- und Reiterszenen
m) Der Pharao zelebriert die rituelle Übergabe der Gefangenen an Amun und Mut.
n) Obere Bildhälfte: Der Pharao opfert verschiedenen Gottheiten; untere Bildhälfte: Kampfdarstellungen.
o) Der Triumph des Pharaos und die Parade der Gefangenen
p) Das Fest des Ptah-Sokaris
q) Das Zählen der von den Feinden abgeschlagenen Hände und Phalli
r) Obere Bildhälfte: Der König opfert verschiedenen Gottheiten; untere Bildhälfte: Darstellung der Söhne Ramses' III.
s) Obere Bildhälfte: das Minfest; untere Bildhälfte: Prozession mit den heiligen Barken von Amun, Mut und Chons
t) Der König vor einer Gottheit
u) Ramses III. überbringt Schätze als Gaben für die Götter.

Während der XX. Dynastie war Medinet Habu das Verwaltungszentrum des Westens von Theben sowie der Treffpunkt der Arbeiter und Handwerker von Deir el-Medina.

Gegen Ende der XX. Dynastie wurde diese Stätte zu einem Zufluchtsort für die Bevölkerung während des Krieges, den der Hohepriester des Amun von Karnak gegen den Vizekönig von Kusch führte.

Während der XXV. und XXVI. Dynastie wurden für die Gottesgemahlinnen, angesehene Priesterinnen der Königsfamilie, südöstlich der Tempelumwallung Ka-

pellen errichtet. In griechisch-römischer Zeit wurde die Tempelanlage nochmals erweitert. Zwischen dem 1. und 9. Jahrhundert wurde hier die koptische Stadt Geme erbaut. Im zweiten Hof des Tempels Ramses' III. wurde eine Kirche errichtet.

Die Ausgrabungen in Medinet Habu begannen im Jahr 1859. Seit 1924 wurden die Untersuchungen der Stätte vom Orientalischen Institut der Universität von Chicago ausgeführt, das eine vollständige Dokumentation der Anlage, ihrer Baugeschichte und ihrer Kunstschätze veröffentlicht hat.

Der Tempel Ramses' III.

Der Tempel Ramses' III. ist gut erhalten und erstreckt sich über eine Fläche von ca. 7000 m^2. Der Grundriß des Tempels weist große Ähnlichkeit mit dem Ramesseum auf. Die alten Ägypter gaben dem Tempel folgenden Namen: „Tempel der Millionen Jahre von Usermaatre Meriamun, der mit Theben verbunden ist im Angesicht von Amun im Westen von Theben."

Im Osten und Westen befindet sich jeweils ein Festungstor, eine Art Wehrturm, zum Schutz des Tempels. Die große, den Tempel umgebenden Mauer diente ebenfalls dem Schutz des Tempels. Manchmal wird der Tempel Ramses III. deshalb auch als „Festungstempel" bezeichnet.

Am östlichen Festungstor, dem sogenannten „Hohen Tor", vorbei gelangt man auf einen weiten Platz vor dem ersten Pylon. Auf der linken Seite befinden sich die Grabkapellen der Gottheit, die Amun verehrt, auf der rechten Seite, der Tempel des Amun aus der XVIII. Dynastie.

Die seitlichen Außenmauern des Tempels sind mit wichtigen Reliefs bedeckt. Von besonderem Interesse sind dabei jene der nördlichen Wand, die die Schlachten von Ramses III. gegen die Seevölker abbilden.

An der südlichen Wand sind viele liturgische Feste aufgeführt und dargestellt. Weiterhin zeigt sie die wirtschaftlichen Ressourcen des Tempels, die der König bei seiner Amtseinführung aus seinen zahlreichen Besitztümern dem Tempel als Geschenk überlassen hatte.

Am ersten Pylon mit den vier Löchern für die Flaggenmaste sind u. a. die Siegeszüge des Pharaos verewigt: Das Niederschlagen der Feinde vor Re-Harachte und die Siege gegen die Libyer.

Auf der süd-westlichen Seite des Pylonen erkennt man die herrliche Darstellung einer Stierjagd in den Sümpfen. Sie wird als eines der künstlerischen Meisterwerke der XX. Dynastie betrachtet.

Durch das „Hohe Tor" betritt man den ersten Hof, an dessen linker Seite sich glockenförmige Säulen befinden, während auf der rechten Seite Osirispfeiler stehen. Die linke Portikus hat eine Öffnung, das sogenannte „Erscheinungsfenster", durch das sich der Pharao der Öffentlichkeit zeigte. Das Hauptthema der Reliefs im ersten Hof stellt die Truppen des Königs dar, wie sie den Feind vernichten

126 links Dieses hervorragende Relief auf der süd-westlichen Seite des ersten Pylonen zeigt den Pharao in seinem Kriegswagen bei der Jagd auf einen wilden Stier. Er wird von einer Reihe junger Prinzen gefolgt. Diese außergewöhnliche Darstellung wird als eines der Meisterstücke der XX. Dynastie betrachtet.

126 oben rechts An der Nord- und Südseite des ersten Hofes befinden sich Portiken mit Osirispfeilern. Über eine Rampe gelangt man durch den zweiten Pylon in den zweiten Hof.

126 unten rechts
Das Relief auf dem linken Pfosten des Durchgangs durch den zweiten Pylon porträtiert die Seevölker, insbesondere die Philister, die mit ihrer besonderen Haartracht auffallen.

127 oben Vom zweiten Hof aus. führt eine breite Rampe zu einer Portikus, die mit Osirispfeilern umgeben ist. Von hier erreicht man die Große Säulenhalle.

Barken der *Thebanischen Triade* (Amun, Mut und Chons), Szenen aus dem Fest des Ptah-Sokaris und aus dem Krieg mit den Libyern; daneben auch Ramses III. im Angesicht verschiedener Götter sowie Prinzen und Prinzessinen. Die Große Säulenhalle, von der nur noch die Sockel der 24 Säulen, die die Decke trugen, erhalten sind, grenzt in ihrem süd-östlichen Teil an einen Komplex von vier Räumen, die offenbar als Schatzkammer des Tempels dienen sollten. Dies lassen die Reliefs an den Wänden vermuten, die Silber und Edelsteine darstellen. Wendet man sich nach Westen,

und der *Enneade von Heliopolis* (Min, Mut und Chons).
Nach dem zweiten Säulenvorsaal folgt das Heiligtum, in dem die Barke des Amun aufbewahrt wurde.

Der Königspalast
Südlich des ersten Hofes sind deutlich die Grundmauern des Königspalastes zu sehen. Man erkennt den Audienzsaal mit dem Unterbau für den Thron (einige Stufen führen zum Thron), das Schlafgemach des Pharaos, ein Badezimmer, Waschräume, die Königinnengemächer sowie die Unterkünfte für die Haremsdamen

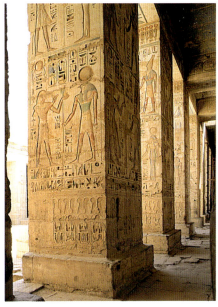

(die Libyer und die Seevölker), die Ramses III. im 8. Jahr seiner Herrschaft bekämpfte. An den Wänden werden nicht nur die bezwungenen Feinde gezeigt, sondern auch die gewissenhaft aufgelistete und quantifizierte Kriegsbeute.
Der erste Hof ist im Westen durch den zweiten Pylon begrenzt, neben dessen Tür zum zweiten Hof auf beiden Seiten zwei riesige Statuen des Königs stehen. Der zweite Hof, der auch als der „Hof der Feste" bezeichnet wird, ist im Osten und Westen mit jeweils acht Osirispfeilern geschmückt und im Norden und Süden mit großen Säulen in Form von Papyrusrollen. Die Reliefs an den Wänden zeigen das Minfest (Erntefest), die Prozession der heiligen

gelangt man in den von acht Säulen getragenen ersten Säulenvorsaal, der in einen zweiten Säulenvorsaal übergeht, an den sich das Heiligtum anschließt. Der südliche Bereich des ersten Säulenvorsaals diente dem Osiriskult des vergöttlichten Königs, während der nördliche Gebäudekomplex den verschiedenen Sonnengöttern geweiht ist. Re-Harachte, mit dem der König in seiner himmlischen Auferstehung gleichgesetzt wurde, spielt in den Darstellungen die vorherrschende Rolle.
Der Grundriß des zweiten Säulenvorsaales ist mit dem vorhergehenden identisch. Die an diesen Saal anschließenden Seitenkapellen sind verschiedenen Göttern geweiht: Horus, Mut, Amun-Re

127 Mitte links Das Flachrelief stellt die Prozession mit den heiligen Barken dar.

127 Mitte rechts
Die eckigen Säulen des zweiten Hofes sind mit Darstellungen, die den Pharao bei der Opferung von Gaben an verschiedene Gottheiten zeigen, geschmückt.

127 unten In dieser ehemaligen Säulenvorhalle sind nur noch die Sockel der Säulen erhalten.

und daran anschließend der Palasthof, der in zwei Bauphasen errichtet wurde. Der Königspalast war durch das „Erscheinungsfenster", durch das sich der Pharao der Öffentlichkeit zeigte, direkt mit dem ersten Hof des Tempels verbunden.

Die Kapellen der Gottesgemahlinnen

Diese Grabkapellen liegen in einem kleinen Gebäude im südlichen Teil des Platzes vor dem ersten Pylon.
In der Zeit der XXV. und XXVI. Dynastie (um 720–525 v. Chr.) wurden bestimmte Priesterinnen des Amun verehrt. Diese sogenannten „Gottesgemahlinnen" genossen großes Ansehen und repräsentierten den Pharao im Gebiet von Theben. Zu ihnen zählten zum Beispiel Amenerdas, Schepenupet, Nitokris und Mehit-en-Usechet. Baugeschichtlich sind die Kapellen der Gottesgemahlinnen bedeutsam, da sie erstmals in Ägypten echte Steingewölbe aufweisen.

128 oben Entsprechend den Tempel Sethos' I. und des Ramesseum hatte auch der Tempel von Ramses III. einen Königspalast, in dem der Pharao während wichtiger religiöser Feierlichkeiten residierte.

128 Mitte Der Königspalast war mit dem Tempel verbunden. Im sogenannten „Erscheinungsfenster", auf der Südseite des ersten Hofes, zeigte sich der Pharao während religiöser Feierlichkeiten.

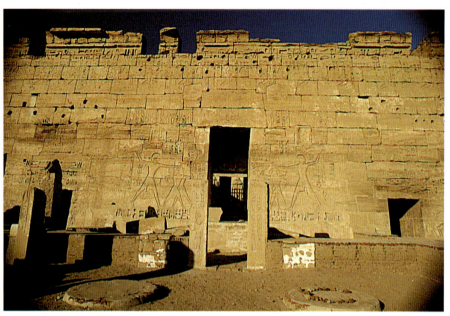

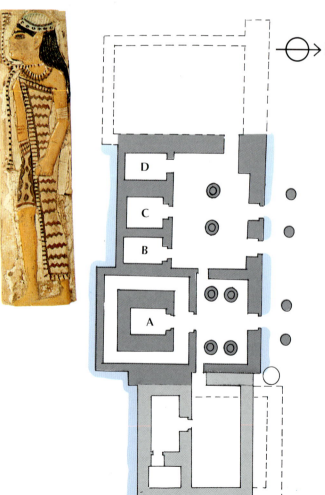

128 unten Diese mehrfarbigen Tontäfelchen kamen bei den Ausgrabungen im Bereich des Königspalastes zum Vorschein. Darauf werden die Gefangenen verschiedener Länder dargestellt, die bei Kriegszügen des Pharaos gemacht worden waren. Von links nach rechts sieht man: einen Libyer, einen Nubier, einen Syrer, einen Schasu (Beduine) und einen Hethiter. (Ägyptisches Museum, Kairo)

A) Kapelle von Amenerdas
B) Kapelle von Nitokris
C) Kapelle von Schepenupet
D) Kapelle von Mehit-en-Usechet

Der Tempel der XVIII. Dynastie

Nördlich des „Hohen Tores" steht der von Hatschepsut und Thutmosis III. dem Amun geweihte Tempel der XVIII. Dynastie. Dieses Gebäude wurde bis in die Ptolemäer- und Römerzeit mehrmals vergrößert und verändert. So wurde während der XXV. Dynastie eine Längshalle mit Pylon errichtet, in der Perserzeit ein Kiosk erbaut, in der Ptolemäerzeit wiederum ein Pylon und zur Römerzeit ein Hof angefügt. Nördlich des Tempels findet man Überreste des Heiligen Sees, einer symbolischen Darstellung des Urozeans, und weiter westlich eine Meßvorrichtung für den Wasserstand des Nil, ein sogenanntes „Nilometer".

*129 oben links
Die Umfassungsmauer des Tempels von Medinet Habu, einer der beiden „Wehrtürme" und der Pylon des Kleinen Tempels der XVIII. Dynastie. Dieser Pylon stammt aus ptolemäischer Zeit.*

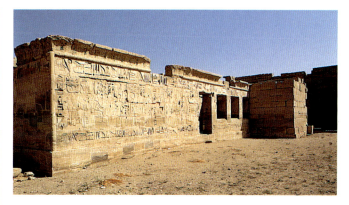

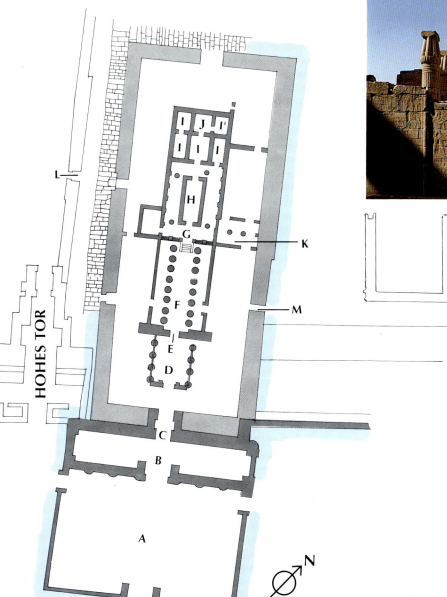

A) Römischer Hof
B) Römische Portikus
C) Ptolemäischer Pylon
D) Statue des Nektanebes
E) Pylon von Schabaka
F) Säulenhof
G) Peristyl
H) Kapelle von Hatschepsut und Thutmosis III.
I) Kapelle
J) Heiligtum
K) Raum des Achoris
L) Tor des Nektanebes
M) Tor des Taharka
N) Heiliger See

129 rechts Der Kleine Tempel aus der XVIII. Dynastie, der sich nördlich des „Hohen Tores" befindet, war dem Gott Amun geweiht. Er wurde bis in die römische Zeit mehrmals erweitert.

DEIR EL-MEDINA, DAS DORF DER ARBEITER

Deir el-Medina liegt in einem kleinen Tal zwischen dem Westhang der Berge von Theben und dem kleinen Hügel von Qurnet Murai, nicht weit entfernt vom Tal der Königinnen und dem Tal der Könige.

Den Namen „Kloster der Stadt" erhielt der Ort wegen des sich dort befindlichen ptolemäischen, der Hathor geweihten Tempels, der in der Zeit der Kopten in ein Kloster umgewandelt wurde.

Eine Gemeinschaft von Handwerkern und Arbeitern, die mit dem Bau und der Dekoration der königlichen Gräber beschäftigt waren, lebte in jenem Dorf. Es wurde während der XVIII. Dynastie, in der Zeit von Thutmosis I., gegründet und *ta set maat* „der Sitz der Ordnung" genannt. Die Untersuchungen zur Organisation dieses Arbeiterdorfes, eine der seltenen heute bekannten städtischen Strukturen in Ägypten, ermöglichten nicht nur eine detaillierte Rekonstruktion der Lebensweise, sondern auch der gesellschaftlichen Organisation der Arbeiter des Pharaos. Die Untersuchung der Nekropole der Arbeiter sowie die epigraphische Analyse der, während der Ausgrabungen gefundenen Stücke, halfen ein detailliertes Bild vom damaligen Leben zu gewinnen. So fand man zum Beispiel viele *Ostraka*, Stein- und Tonscherben mit Ornamentskizzen oder Anmerkungen und Notizen.

Das Dorf, das eine Fläche von zirka zwei Hektar bedeckte, beherbergte während der Ramessidenzeit eine Bevölkerung von ungefähr 400 Personen. Die Siedlung war von einem Mauergürtel aus ungebrannten Ziegeln umgeben und umfaßte innerhalb der Mauern etwa 70 Wohnungen und ungefähr 50 weitere außerhalb. Die mehr oder weniger gleich konstruierten Häuser waren aus ungebrannten Ziegeln erbaut und mit Dächern aus Palmholzbrettern abgedeckt. Sie bestanden aus vier bis fünf Räumen und einer Terrasse, die über eine Innentreppe zu erreichen war. Die Innenwände waren mit einer Stuckschicht aus Gips, Kalkstein und zermahlenem Stroh bedeckt, die weißgewaschen und bemalt wurde. Ein bestimmter Platz wurde von einer kleinen Kapelle mit einer Stele eingenommen, die für den häuslichen Ahnenkult und den Kult der Göttin Mertseger, „diejenige, die die Stille liebt", gedacht war. Diese Gottheit galt als die Beschützerin des Dorfes.

Die Böden waren aus Stein. Manche Böden zeigen noch heute die Spuren und Rillen, die das Öffnen und Schließen der hölzernen Eingangstüren hinterließ. Die Möblierung bestand hauptsächlich aus Stühlen, Hockern, Bänken und kleinen Truhen. Geflochtene Kör-

130 oben Dieses Bild vermittelt einen Überblick über das Gelände von Deir el-Medina mit dem Arbeiterdorf und der -nekropole. Im alten Ägypten wurde der Ort, in dem die Handwerker und Künstler lebten, die die Gräber im Tal der Könige und im Tal der Königinnen erbauten, *ta set maat* „der Sitz der Ordnung", genannt.

130 unten links Architekt Kha, dessen Grab 1906 von italienischen Archäologen unter der Leitung von Ernesto Schiaparelli entdeckt wurde, lebte zur Zeit von Amenophis II. und Amenophis III. (XVIII. Dynastie). Das Grab war unversehrt und enthielt einen reichen Grabschatz.

130 Mitte Das Arbeitsdorf von Deir el-Medina, das zu Beginn der XVIII. Dynastie gegründet und bis zum Ende der XX. Dynastie bewohnt war, erlaubt uns eine genaue Rekonstruktion der Lebens- und Arbeitswelt sowie des Alltags der Menschen in Deir el-Mesina.

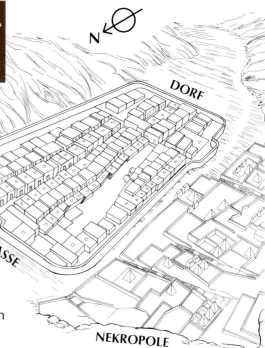

130 unten rechts Die Rekonstruktion des Dorfes Deir el-Medina zur Zeit der XIX. Dynastie.

131 oben Die Häuser von Deir el-Medina verfügten über vier oder fünf Räume: ein Eingangsraum, der eine Tür zur Straße hatte, ein Wohnraum, ein Raum mit einer Vorratskammer, eine Küche und ein oder mehrere Kellerräume.

131 Mitte links Diese mit floralen Motiven bemalte Keramikvase wurde im Grab des Sennodjem (Nr. 1) von Gaston Maspero 1886 vollständig erhalten gefunden. Sie stammt aus der Zeit Ramses' II. (Ägyptisches Museum, Kairo)

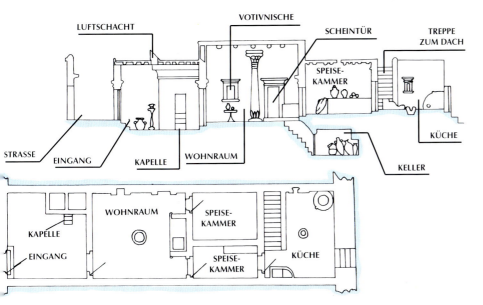

be dienten als Lagerplatz für verschiedene Gegenstände, während Nahrungsvorräte und Getränke in Keramikvasen aufbewahrt wurden. Der relative Überfluß an kleinen Gefäßen für kosmetische Produkte und Salben, wie auch an Bronzespiegeln unterstreicht die Bedeutung, die man der Körperpflege beimaß.

Reste von Nahrungsmitteln ermöglichen es, die Hauptbestandteile der Ernährung der Arbeiter zu ermitteln. Getreide und Fisch, die an jeden Arbeiter als Bezahlung verteilt wurden, waren wichtige Nahrungsmittel. Ergänzt wurde der „Speiseplan" durch Obst, Gemüse, Honig und manchmal Geflügel, das als Luxus galt. Das traditionelle Getränk war Bier aus der Gärung von Körnern. Wenn sich die Verteilung der Nahrungsrationen verzögerte, legten die Arbeiter Protest beim Verwalter der Gräber ein. Dieser leitete die Beschwerden an den Wesir, den königlichen Verwalter, weiter. Ein Dokument aus dem 28. Jahr der Herrschaft Ramses' III., das an den Wesir To gerichtet ist, belegt dies. Es heißt dort: „... alle Nahrungsvorräte in der Schatzkammer, die das Getreide speichert, und die in den Lagerhäusern sind verbraucht worden. (...) so daß unser Gönner uns mit Unterhaltsmitteln versorgen sollte, da wir sonst sterben; eigentlich leben wir schon nicht mehr ..." Wurde ein solcher Zustand nicht in kurzer Zeit verbessert, brachen Unruhen aus und es kam zu Streiks.

Die Arbeiter von Deir el-Medina lebten in Isolation, ohne Kontakt zur Außenwelt. Diese Absonderung war wohl deshalb nötig, weil die Errichtung der königlichen Gräber äußerste Diskretion und Geheimhaltung verlangte. Die Gemeinschaft der Arbeiter schickte ihre Berichte direkt an den Wesir. Darüber hinaus wurde sie von speziellen Wachmannschaften, genannt *megiaiu*, kontrolliert, die außerhalb des Dorfes stationiert waren und deren Hauptaufgabe in der Bewachung der Nekropole lag. Die Arbeiter erreichten über zwei Pfade, die noch heute benutzt werden, ihren Arbeitsplatz im Tal der Könige oder im Tal der Königinnen. Bisweilen, wenn sie dringende Arbeiten zu erledigen hatten, kehrten sie nicht täglich in ihre Unterkünfte zurück, sondern blieben in kleinen Trabantendörfern, die auf dem Bergkamm lagen. Das Arbeiterdorf Deir el-Medina war bis zum Ende der XX. Dynastie bewohnt und wurde dann verlassen. Die Anfang dieses Jahrhunderts ausgeführten Ausgrabungen der Stätte durch Ernesto Schiaparelli vom Ägyptischen Museum in Turin brachte das ganze vollkommen erhaltene Dorf ans Licht. Ebenso wurde die angrenzende Nekropole freigelegt.

131 Mitte rechts Die Karte des Geländes von Deir el-Medina zeigt das Arbeiterdorf, die Nekropole, den ptolemäischen Tempel, der von der Kapelle der Göttin Hathor und einem kleinen, dem Amun geweihten, Tempel flankiert wird sowie einen Brunnenschacht.

131 unten Dieser kleine Schrein, der für die uschebti von einem der Söhne des Sennodjem bestimmt war, wurde in dessen Grab gefunden. Bei den uschebti „diejenigen, die antworten" handelt es sich um kleinen Statuetten, die dem Toten mitgegeben wurde. Sie sollten im Jenseits die Arbeit für den Verstorbenen verrichten, wenn dieser sie mit einer Zauberformel aus dem 6. Kapitel des Totenbuches herbeirief. (*Ägyptisches Museum, Kairo*)

DER TEMPEL VON DEIR EL-MEDINA

*132 oben rechts
Die Wände der mittleren Kapelle des Tempels sind mit bemalten Flachreliefs dekoriert, die ihre Originalfarben bis heute bewahrt haben.*

Nördlich des Arbeiterdorfes von Deir el-Medina gibt es einen kleinen ptolemäischen Tempel, der den Göttinnen Hathor (Totengöttin) und Maat (Wahrheitsgöttin) geweiht ist. In koptischer Zeit wurde er in ein Kloster umgewandelt, von dem auch der Name des Ortes stammt.

Der im 3. Jahrhundert v. Chr., zur Zeit von Ptolemaios IV. Philopator erbaute Tempel ist vollständig erhalten, einschließlich eines hohen Mauergürtels aus ungebrannten Ziegeln. Das Bauwerk besteht aus Vorraum, Vestibül und drei parallelen Kapellen.

Die Reliefs der mittleren Kapelle zeigen Ptolemaios IV. Philopator mit seiner Schwester Arsinoë. Außerdem sind Ptolemaios VI. und Ptolemaios VII. dargestellt, die verschiedenen Göttern Opfer darbringen. In der linken Kapelle findet sich eine bemerkenswerte Darstellung des Totengerichts: Zwei Wahrheitsgöttinnen führen den Toten in die Gerichtshalle. Der Verstorbene betet vor den Totenrichtern. Die Götter Horus und Anubis wiegen das Herz des Toten gegen die Wahrheit, und der Gott Thot schreibt das Urteil nieder. Osiris fungiert in dieser Darstellung als Totenrichter.

In der rechten Kapelle zeigen die Reliefs Ptolemaios IV. Philopator und Ptolemaios VII. im Angesicht verschiedener Götter.

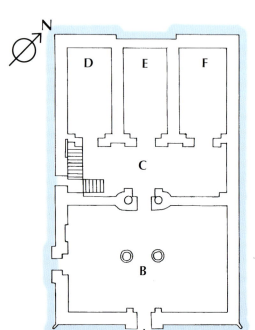

A) Eingang
B) Vorraum
C) Vestibül
D) Kapelle des Amun-Sokaris-Osiris
E) Kapelle der Hathor-Maat
F) Kapelle des Amun-Re-Osiris

*132 Mitte unten
Das Flachrelief stellt die Göttin Hathor dar, der dieser Tempel geweiht war.*

132 Mitte oben Mit dem Bau des Tempels von Deir el-Medina wurde im 3. Jahrhundert v. Chr. zur Zeit Ptolemaios IV. Philopator begonnen. Von Ptolemaios XIII. Philopator wurde die Anlage vergrößert. In der Folgezeit wurde der Tempel zu einem koptischen Kloster umgewandelt. Aus dieser Zeit stammt auch der Name Deir el-Medina, „Kloster der Stadt".

132 unten Die Göttin Hathor, die auf einem Thron sitzt, hält in der einen Hand das Henkelkreuz (anch-Zeichen) und in der anderen das Zepter (was). Diese Darstellung ist typisch für die Abbildung weiblicher Gottheiten.

DIE NEKROPOLE VON DEIR EL-MEDINA

Die Gräber der Handwerker von Deir el-Medina wurden an den Berghängen, nahe bei den Wohnbereichen freigelegt. Die Felsengräber stammen aus der XIX. und XX. Dynastie.
Der Grundriß der Gräber in dieser Nekropole hat einen besonderen

133 links Dieses in seinen Abmessungen sehr kleine Grab von Deir el-Medina hat die Form einer Pyramide.

133 rechts Ein klassisches Grab aus Deir el-Medina. Man erkennt die teilweise zerstörten Außenmauern, den Hof und die kleine Pyramide mit der Nische für eine Statue.

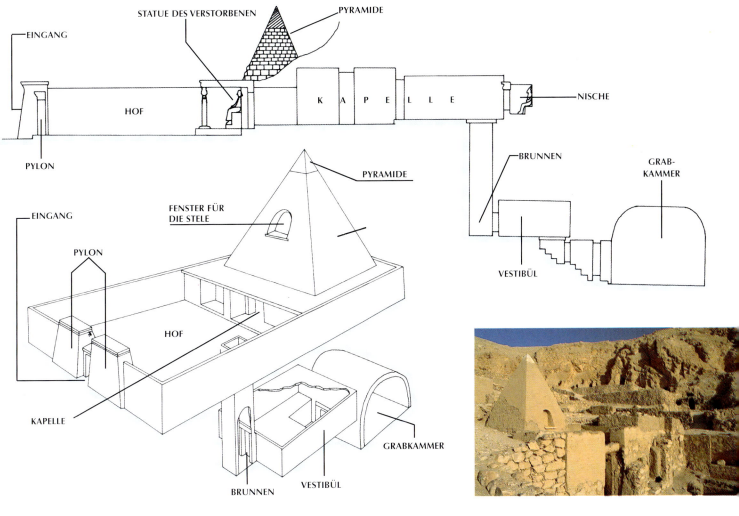

Charakter. Ein kleiner Pylon gehörte zur Grundausstattung. Ein oder zwei Höfe, in deren hinterstem Teil sich eine Kapelle mit einem Eingang aus ungebrannten Ziegeln befand, gehörten ebenfalls dazu. Überragt wurde das Ganze von einer kleinen Pyramide. Einige Gräber weisen weitere in den Felsen gehauene Räume auf.
An der nach Osten ausgerichteten Innenwand gab es eine Nische, in der eine Statue des Verstorbenen mit einer Stele stand, auf der sich der Text des Sonnenhymnus befand. Die äußere Kapelle diente der Ausübung des Kultes der Toten, die mit unzähligen Grabbeigaben in der tief in den Berg gehauenen Grabkammer bestattet wurden. Diese Grabkammer war über Treppen, die im äußeren Hof begannen, oder von einem der inneren Räume aus zugänglich und hatte Gewölbedecken.
Die Gräber sind mit Bildern und Texten dekoriert, die fast ausschließlich religiöse Inhalte zeigen, wie beispielsweise die Einbalsamierung der Leichen oder den Ritus der „Mundöffnung" des Toten.

DAS GRAB DES SENNODJEM

(Nr. 1)

A) Detail der hölzernen Tür, welche die Grabkammer des Sennodjem verschloß. Sennodjem und seine Frau Iniferti spielen senet. Es ist eine Anspielung auf das 17. Kapitel des Totenbuches. Das Spiel repräsentiert das Überstehen des Totengerichts vor Osiris durch den Verstorbenen und seinen Eintritt ins Jenseits. (Ägyptisches Museum, Kairo)

B) Die Mumie des Verstorbenen liegt auf der Begräbnisbahre und wird von Isis zur Linken und von Nephthys zur Rechten, die als Falken dargestellt sind, bewacht. Im unteren Bildabschnitt bringt der Sohn des Toten Opfergaben und reinigt sie vor seinen Eltern.

C) Dieses Detail stellt den Verstorbenen mit dem Zepter (sechem) dar, dem Symbol der Kraft. Hinter dem Toten sieht man seine Frau.

D) Sennodjem und Iniferti verehren die Götter des Jenseits. Darüber eine doppelte Darstellung von Anubis als Schakal.

Sennodjem, „Diener im Sitz der Wahrheit", lebte in der Zeit von Sethos I. und Ramses II. (XIX. Dynastie). Sein Grab wurde 1886 von Gaston Maspero in intaktem Zustand und reich ausgestattet entdeckt.
Die Gemälde auf goldgelbem Grund, die die Wände der Grabkammer zieren, sind vollkommen erhalten und gehören wahrscheinlich zu den schönsten, auf jeden Fall aber zu den bekanntesten der Nekropole. Ihr Stil ist typisch für die ramessidische Zeit. Die dekorative Themenstellung ist ganz auf das Jenseits bezogen.
Eine enge Treppe führt direkt in die rechteckige Grabkammer, deren Hauptachse westwärts ausgerichtet ist und eine Gewölbedecke besitzt. Man betritt sie durch einen kleinen, ursprünglich mit einer reich verzierten Holztür verschlossenen Raum.
An der Südwand (links vom Eingang) sind auf zwei Bildern die Verwandten des Toten und seine Söhne dargestellt, die zu Ehren ihres Vaters Trankopfer darbringen. Daran schließt sich ein Bild der Mumie des Sennodjem an, die von Isis und Nephthys in Gestalt von Falken beschützt wird.
Auch die Decke ist vollständig mit Gemälden verziert: Ein weißer Streifen mit Texten teilt das Gewölbe der Länge nach. Der Streifen wird quer von drei durchgehenden Streifen gekreuzt, die die Decke in zwei Gruppen von je vier Flächen aufteilen.
In der ersten Gruppe verehrt der Verstorbene verschiedene Götter, darunter Thot, Re-Harachte und Atum sowie mehrere Schutzgeister der Grabstätte. In der zweiten ist die Göttin der Sykomore abgebildet, wie sie dem Toten und seiner Gemahlin Speisen und Getränke reicht, die wiederum in der folgenden Szene vier Sternengötter verehren. Als nächstes folgt die Darstellung des Vogels *benu*, der Verkörperung der Seele des Re, zusammen mit Re-Harachte und die Abbildung des Sennodjem, der die Tore des Westens,

des Reiches von Osiris, öffnet. Auf der großen Nordwand befinden sich drei Szenen, die davon erzählen, wie der Tote das Reich des Osiris betritt: In der ersten führt Anubis, dargestellt in menschlicher Gestalt mit einem Schakalkopf, Sennodjem in die nächste Welt ein, in der zweiten verehrt der Verstorbene Osiris und in der dritten bereitet Anubis

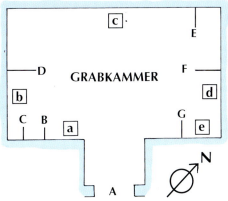

Hauptszenen

a) Die Mumie des Verstorbenen mit Isis und Nephthys; die Familie des Toten

b) Der Verstorbene und seine Frau verehren die Götter des Jenseits.

c) Die Mumie mit Anubis und Osiris

d) Paviane verehren die Barke des Re; der Verstorbene und seine Frau auf den Feldern von Iaru.

e) Der Verstorbene und seine Frau vor den Wächtern der Türen des Reiches von Osiris

die Mumie des Sennodjem, die auf der Begräbnisbarke liegt, für die Mumifizierung vor. Die Begleittexte zitieren Abschnitte aus dem *Totenbuch*.

Auf der Westmauer verehren Sennodjem und Iniferti verschiedene Götter des Totenkults. Darüber sieht man zwei Bilder von Anubis als Schakal, der das Tympanon schmückt.

An der östlichen Wand befindet sich auf vier Bildern eine berühmte Szene, die das 110. Kapitel des *Totenbuches* kommentiert. Sennodjem und seine Frau Iniferti bestellen die Felder von Iaru. Iaru war der Ort im Jenseits, an dem die Toten ein zweites Leben führten, indem sie als Bauern die Felder am Nilufer bestellten. Im oberen Bild verehren Sennodjem und Iniferti die Götter Re, Osiris und Ptah, denen ein Junge in einem Papyrusboot und ein Priester folgen, der den Ritus der „Mundöffnung" vollzieht. Dieser Junge erinnert wahrscheinlich an einen Sohn des Sennodjem.

Auf dem Tympanon über der Szene sind zwei Paviane dargestellt, die die Sonnenbarke des Re verehren. Auf der angrenzenden Südmauer, zwischen der Eingangstür und der Ostmauer verehren der Verstorbene und seine Frau die Wächter der Türen des Reiches des Osiris.

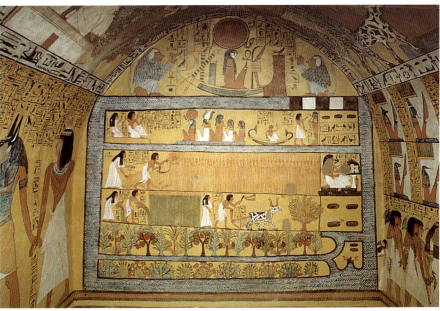

E) Sennodjem und Iniferti erhalten Geschenke von der Gottheit der Sykomore, dem himmlischen Baum, einer Erscheinungsweise der Göttin Nut in ihrer Rolle als Beschützerin der Toten.

F) Die berühmtesten Darstellungen im Grab des Sennodjem stellen die Felder von Iaru in der jenseitigen Welt dar. Der Tote und seine Frau werden bei der Feldarbeit gezeigt. Auf dem Tympanon verehren zwei Paviane den Gott Re in seiner Barke.

G) Sennodjem und seine Familie

135 unten rechts
Einer der schönsten Sarkophage, die in der Grabkammer gefunden wurden, gehörte einer Dame namens Isis. Sie war vermutlich die Frau von einem der Söhne des Sennodjem. Isis wurde als lebendige Person dargestellt mit einer weißen langen Tunika und Efeuzweigen in den Händen.

DAS GRAB DES INHERKHAU

(Nr. 359)

A

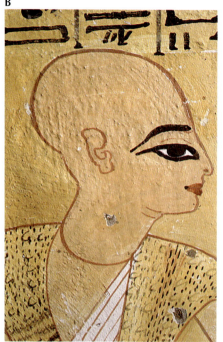

B

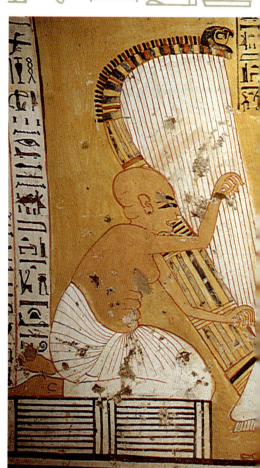

C

Inherkhau, der den Titel „Vorarbeiter" hatte, lebte in der Zeit von Ramses III. und Ramses IV. Da er eine sehr wichtige Rolle spielte, hatte sein Grab äußerst reiche und feine Dekorationen. Es sind Szenen aus dem *Totenbuch* und dem *Pfortenbuch* dargestellt sowie Szenen aus dem Jenseits. Die schönsten Bilder fand man in der Grabkammer.

Man sieht zum Beispiel die Katze von Heliopolis, die die Schlange Apophis auf dem heiligen Baum tötet, weiterhin die Szene der heiligen Kerzen, die dem Verstorbenen und seiner Frau dargebracht werden. Außerdem sieht man den Verstorbenen, der die Sonnenscheibe und vier Genien mit Schakalköpfen verehrt. Bedeutsam ist ferner eine Szene mit einem Priester, der dem Toten – dargestellt mit seiner ganzen Familie – eine Statuette des Osiris und ein Behältnis für die *uschebti* darbringt. Die *uschebti* sollten dem Verstorbenen im Jenseits dienen und für ihn die schwierigsten Arbeiten verrichten.

A) Thot führt Inherkhau vor Osiris.

B) Dieses Detail stellt einen Priester in seinem charakteristischen Gewand dar.

C) Die Feinde werden mit dem dargestellten henu-Ritus vertrieben.

D) Ein Harfenspieler vor Inherkhau und seiner Gemahlin.

E) Die Katze von Heliopolis, die mit der Schlange Apophis kämpft. Es handelt sich um eine Darstellung des Kampfes der Götter gegen das Böse.

F) Die Söhne von Inherkhau, bringen den Göttern Ptah (links, nur fragmentarisch erhalten) und Osiris (rechts) Fackeln dar.

G) Ein Priester überreicht Inherkhau und seiner Gattin ein Behältnis für die uschebti. *Die beiden werden mit ihren vier Kindern, die unbekleidet sind, dargestellt.*

H) Im oberen Bildabschnitt verehrt Inherkhau den Gott Upuaut, „den Wegeöffner", welcher die Türen der Unterwelt bewacht. Der untere Bildabschnitt zeigt sechs Frauen, die dem Toten Gaben bringen.

Hauptszenen
a) Szenen aus dem Pfortenbuch
b) *Totenbuch* mit einer Darstellung des *senet*-Spiels
c) Inherkhau und seine Gattin vor Königen, Königinnen und Prinzen
d) Szenen aus dem Jenseits
e) Der Verstorbene mit Kindern im Angesicht von Ptah und Osiris
f) Der Verstorbene im Angesicht mythischer Gestalten

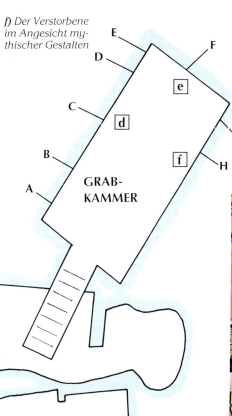

DAS GRAB DES PASCHEDU

(Nr. 3)

Das Grab des Paschedu, „Diener im Sitz der Wahrheit", wurde erst kürzlich für die Öffentlichkeit zugänglich gemacht.
Eine gut erhaltene Szene an der Ostwand bei der Eingangstür zeigt den Toten, der aus einem Bach unter einer großen Dattelpalme trinkt.
Die Grabkammer ist durch einen kleinen Gewölbedurchgang zu erreichen, dessen Wände zwei Bilder von Anubis in Gestalt eines Schakals zieren.
Andere sehr schöne Szenen sind jene auf dem Tympanon der Rückwand, auf der man Osiris vor dem Westgebirge und Horus in Gestalt eines Falken vor einem großen, belebten *udjat*-Auge sehen kann, das die Kerzen trägt.
Auf dem Bogen über der gegenüberliegenden Eingangstür kann man den Gott Ptah-Sokaris als Falken sehen, der von Paschedu verehrt wird.

A) Dieser enge Durchgang zur Grabkammer des Paschedu ist mit einem doppelten Bildnis des Gottes Anubis, in Gestalt eines Schakals, mit der Geißel (nekhakha) dekoriert.

B) Dieser Ausschnitt der Grabkammer zeigt verschiedene Szenen: Auf dem Tympanon verehrt Paschedu andächtig den Gott Ptah-Sokaris, der hier in Form eines Falken mit großen Schwingen auf einem Boot gezeigt wird. Überragt wird die Szene von einem udjat-Auge. Auf der Nordwand erscheint eine Gruppe von Göttern. Etwas weiter unten zur Linken sieht man Paschedu unter einer Palme beim Trinken. Auf der rechten Wand ist die Darstellung dreigeteilt. Es werden hier die Diener des Verstorbenen gezeigt. Im obersten Teil erkennt man ferner in der linken Ecke eine Darstellung der Göttin der Sykomore. Die linke Seitenwand zeigt den Verstorbenen, vor Re-Harachte und drei anderen Göttern, die jedoch auf dem Foto nicht erkennbar sind.

C) Auf diesem dreigeteilten Bild sieht man Paschedu, gefolgt von seiner Gattin und zwei Kindern sowie den Dienern. Er betet Horus an, der auf dem Foto nicht zu sehen ist. Die Hieroglypheninschriften der Wand verzeichnen Abschnitte aus dem Totenbuch. Die sich anschließende Bildfolge zeigt Anubis in Gestalt eines schwarzen Schakals.

D) Detail der Diener des Verstorbenen

138

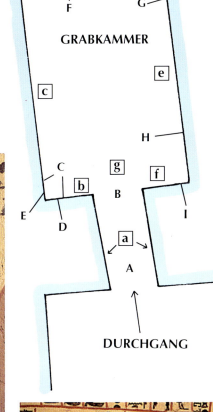

Hauptszenen
a) Anubis in Form eines Schakals
b) Die Angehörigen des Paschedu
c) Der Tote und seine Familie verehren Horus (als Falke dargestellt) und Anubis.
d) Auf dem Tympanon: der Tote verehrt Osiris und Horus.
e) Paschedu und ein Mädchen verehren Re-Harachte, Atum, Chepre und Ptah.
f) Der Verstorbene löscht seinen Durst an einem Bach unter einer Dattelpalme.
g) Auf den Tympanon: Ptah-Sokaris auf einem Boot wird von Pascheda verehrt.

E) Dieses Detail zeigt die Frau von Paschedu, Nejemtebehdet, im typischen Stil der Ramessidenzeit. Der Wandbelag erweist sich als sehr rauh, die Farben sind jedoch frisch und klar. Nejemtebehdet trägt langes Haar mit vielen Zöpfen und ein buntes Stirnband, das kleine Abbildungen von Ölgefäßen aufweist.

F) Dieses Detail aus dem westlichen Bereich des Tympanon zeigt ein großes, belebtes udjat-Auge, das Kerzen darbringt und darunter den betenden Paschedu.

G) Paschedu mit Ehefrau und einer Tochter auf einem Boot vor einem Tisch mit Opfergaben für die Gottheit Renenut, Beschützerin der Feldarbeit und Fruchtbarkeit.

H) Detail vom nördlichen Teil der Gewölbedecke mit verschiedenen Göttern: Thot, Hathor, Re-Harachte und Neith (von rechts nach links)

I) Paschedu kniet unter einer Dattelpalme und stillt seinen Durst an einem Bach.

139

DIE PRIVAT-GRÄBER

Auf einem weiten Gelände, das sich zwischen dem Tal der Könige und dem Tal der Königinnen erstreckt, wurden über 500 Privatgräber freigelegt. Die Gräber liegen verstreut in verschiedenen Nekropolen: Dra Abu el-Naga, el-Khokha, el-Asasif, Deir el-Bahari, Sheikh Abd el-Qurna, Qurnet Murai und Deir el-Medina.

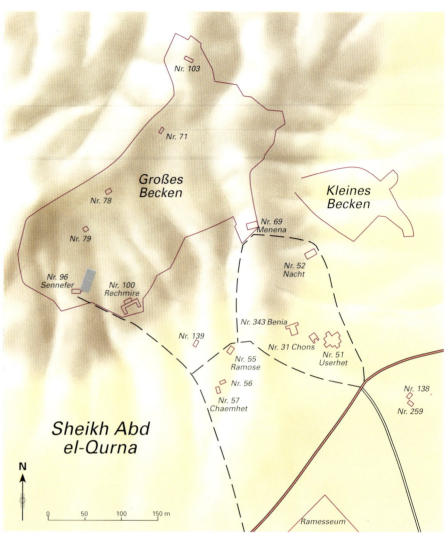

140 oben Blick über die Nekropolen von Theben: rechts die Nekropole von el-Asasif, el-Khokha und der Hügel von Scheikh Abd el-Qurna. Hier befinden sich die meisten Gräber.

140 unten Der Eingang zum Grab von Ramose (Nr. 55; links) liegt am Fuß des Hügels von Sheikh Abd el-Qurna, einige hundert Meter von der asphaltierten Straße, die ins Tal der Könige führt, entfernt. Weiter südlich (rechts) befinden sich die Eingänge zu weiteren Gräbern, darunter auch das von Chaemhet (Nr. 57).

Die Darstellungen in den reich verzierten Gräbern zeigen im Gegensatz zu den Ruhestätten im Tal der Könige auch Szenen aus dem täglichen Leben und der Totenbestattung. Der Betrachter kann sich damit gleichsam auf eine Reise in die Lebenswelt des alten Ägypten vor rund 3500 Jahren begeben. Die Gräber, deren klassischer Grundriß einem umgedrehten „T" entspricht, beinhalten einen äußeren Hof, ein Vestibül (Querhalle) und eine unterirdische Kapelle (Längshalle). Dort befindet sich eine Nische für die Statue des Verstorbenen. Über dem Eingang errichtete man meist eine kleine Pyramide, vergleichbar mit denen der Gräber von Deir el-Medina. In den letzten zwei Jahrhunderten wurden in die Totenstädte Wohnhäuser und Höfe gebaut, die Teile der Gräber integrierten. So werden bis heute Gräber als Stallungen oder Keller genutzt. Die heute noch zum großen Teil bewohnten Häuser über den Gräbern haben keine Kanalisation. Das Abwasser versickert einfach im kalkhaltigem Boden, und die Feuchtigkeit beschädigt die zahlreichen empfindlichen Wandmalereien. Neben der Nutzung der Gräber als Stallungen oder Keller ist diese Feuchtigkeit Ursache für die starke Zerstörung mancher Gräber. Zur Zeit sind nur ungefähr 15 Gräber für die Öffentlichkeit zugänglich. Etwa zehn von ihnen sind die schönsten und besterhaltenen der ganzen Nekropole. Sie dürfen als bedeutende Meisterwerke der Kunst des Neuen Reiches angesehen werden.

DAS GRAB DES CHAEMHET

(Nr. 57)

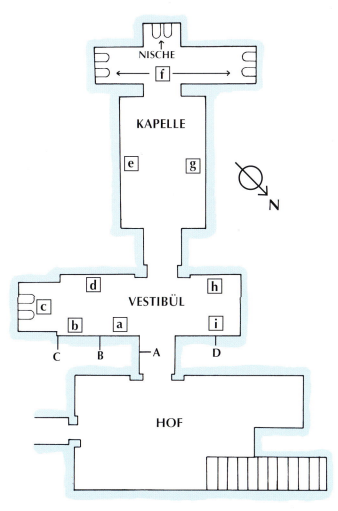

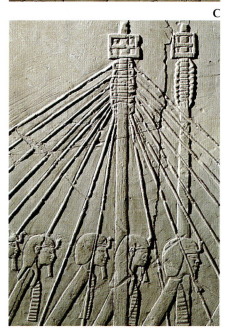

A) Dieses Flachrelief zeigt Chaemhet bei der Verehrung von Re. Die Hieroglyphentexte beschreiben eine Lobpreisung des Gottes Re.

B) Chaemhet bringt der Göttin Renenut, Beschützerin der Feldarbeit und der Fruchtbarkeit, Nahrungsmittel dar.

C) Detail zweier Schiffsmasten von zwei Transportschiffen. Zu erkennen sind die Wanten zum Verspannen der Masten.

D) Dieses Detail zeigt vier stattliche Pferde, die einen Karren ziehen.

Chaemhet war ein Würdenträger, der unter der Herrschaft von Amenophis III. lebte. Er trug den Titel „Königlicher Schreiber, Aufseher der Kornspeicher von Ober- und Unterägypten". Sein Grab liegt am Fuß des Hügels von Sheikh Abd el-Qurna, neben dem Grab des Userhet (Nr. 56) und nicht weit entfernt vom Ramesseum.
Der Grundriß des Grabes unterscheidet sich ein wenig von den sonst gebräuchlichen. In der Kapelle fehlt die sonst übliche einfache Nische für die Statue. Dafür schließt sich ein Raum an die Kapelle an. Dort befinden sich eine Nische und sechs große Statuen, die den Toten, seine Gemahlin und Verwandte zeigen.
Die feinen Flachbilder im Grab, die mit den Reliefs im Grab des Ramose (Nr. 55) verwandt sind, zeigen ungewöhnliche Darstellungen. Es ist zum Beispiel die Anbetung der Sonne durch den Verstorbenen zu sehen, aber auch Szenen aus dem täglichen Leben werden gezeigt. So zum Beispiel die Erstattung des Ernteberichts an König Amenophis III., das Vermessen der Felder und verschiedene Ernteszenen.
In der Kapelle, deren Dekorationen teilweise zerstört sind, sind die Themen im wesentlichen religiöser Natur, so zum Beispiel die Bestattung des Toten.
Abschnitte aus dem *Totenbuch* sind auf die Grundmauern bei der Tür gemeißelt, die in den letzten Raum des Grabes führt.

Hauptszenen
a) Landwirtschaftliche Darstellungen
b) Das Abladen eines Schiffes; Markt
c) Statuen von dem Toten und seiner Familie
d) Ein Mann führt die Herde vor den König.
e) Darstellung des Begräbnisses
f) Statuen von dem Toten und seiner Familie
g) Die Felder von Iaru und die Pilgerfahrt nach Abydos; religiöse Szenen
h) Der Tote und die Notabeln von Ober- und Unterägypten werden von Amenophis III. empfangen.
i) Landwirtschaftliche Darstellungen

DAS GRAB DES SENNEFER

(Nr. 96)

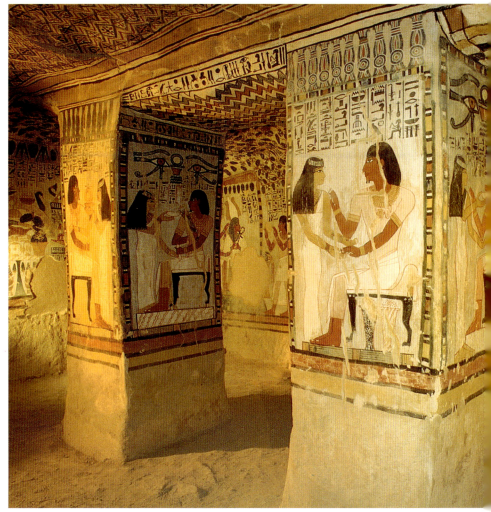

Das Grab des Sennefer, „Vorsteher von Theben" unter Amenophis II., befindet sich im oberen Abschnitt des Süd-Ost-Hangs des Hügels von Sheikh Abd el-Qurna in einer hervorragenden Lage, von der aus man das Ramesseum, den großen Totentempel von Ramses II., und das Schwemmland des Nil überblicken kann.
Der Gebäudekomplex des Vestibüls und der Kapelle wurde früher von den Einheimischen als Wohn- und Lagerhaus genutzt und ist heute unzugänglich.
Dieses Grab von auffallender Schönheit zeigt einen klassischen Grundriß mit einer T-förmigen Anordnung, unterscheidet sich aber von allen anderen Gräbern der XVIII. Dynastie durch die ungewöhnliche Breite der Vier-Pfeiler-Grabkammer.
Anders als bei fast allen anderen Privatgräbern seiner Epoche sind alle Räume vollständig ausgeschmückt.
Die wirkliche Einzigartigkeit des Grabes von Sennefer besteht allerdings in dem ungewöhnlichen Dekorationsprogramm. Das Thema ist hier nicht die außerirdische Welt, sondern der Tote selbst, der zusammen mit seiner Gemahlin gezeigt wird.
Die Gemälde stellen eine Feier eines adligen Paares dar, das in Liebe vereint ist. Diese Liebe geht über das irdische Leben hinaus und ist der göttlichen Liebe ähnlich, die Osiris mit Isis vereint. Sennefer und seine Gemahlin werden dem Betrachter gleichsam als die beiden Gottheiten vorgestellt.

Eine weitere Besonderheit des Grabes besteht in der Einführung einer weiteren stilistischen Neuheit. Der antike Künstler entschied sich dafür, die Unebenheiten des Felsens, der die Decke der beiden Räume bildet, zu nutzen, um bei der Darstellung einer Weinlaube, von der dunkle Trauben hängen, einen dreidimensionalen Effekt zu erreichen. Diese Weinlaube ist ein Hinweis auf den Weinberg von Osiris. Diese Gottheit stand im alten Ägypten für Lebenskraft, Wiederbelebung und das Wiederherstellen der Macht, eines der besonderen Vorrechte des Herren des Jenseits. Aufgrund dieser besonderen Ausstattung erhielt das Grab den Namen *Tombeau des Vignes* („Grab der Weinreben"). Sennefer war einer der einflußreichsten Beamten am Hof von Amenophis II. Es war eine Zeit großen Reichtums und Wohlstands für Ägypten. Das Land war nach den siegreichen Feldzügen von Thutmosis III., Vater und Vorgänger von Amenophis II., das Zentrum eines riesigen Reiches, das sich von Kleinasien bis zum vierten Katarakt des Nils im südlichen Teil des heutigen Sudan erstreckte. Sennefer stammte aus einer Familie von „bürgerlichen Dienern", Hofbeamten und hochrangigen Priestern. Er erfreute sich großen Ansehens und eines beachtlichen persönlichen Vermögens. Vom privaten Leben des Sennefer ist nur wenig bekannt. Die offiziellen Dokumente berichten von einer Heirat mit einer Frau namens Senetnay, die im Grab allerdings nicht erwähnt wird. Man kann sie aber wahrscheinlich mit Merit gleichsetzen, die wiederholt auf den Bildern erscheint und mit Sennefer zwei Töchter hatte, Mut-Nofret und Mut-tui. Die letztgenannte wird im Vestibül des Grabes gemeinsam mit einer weiteren Frau, Sennetnefret, vermutlich ebenfalls eine Gemahlin des Verstorbenen, erwähnt.
Die Privilegien Sennefers, „Vorsteher von Theben", der Haupt-

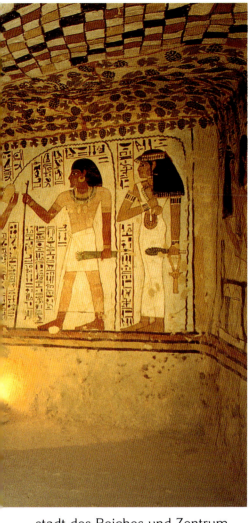

142-143 Der Blick in die Grabkammer mit einem Gewölbe, das von vier Pfeilern getragen wird, zeigt die wunderschöne Dekoration, die teilweise aus Flechtmustern besteht. Das Besondere der Darstellung ist die Weinlaube, bei dem der Künstler die Unebenheiten der Decke so geschickt einbezogen hat, daß dem Betrachter ein sehr räumlicher Eindruck vermittelt wird. Das Grab hat daher den Namen Tombeau des Vignes „Grab der Weinreben" erhalten. Auf dem Pfeiler im Vordergrund sieht man Sennefer, der zärtlich die Hand auf die Schulter seiner Gemahlin Merit legt. Die auf diesem Foto nicht ganz sichtbare Szene an der rückwärtigen Wand zeigt einen Priester, der einen Reinigungsritus vor dem Paar vollzieht.

143 Sennefer und seine Gemahlin unternehmen in ihrem Boot die Pilgerfahrt nach Abydos und fahren den Nil abwärts. Am Bug des Schiffes bereitet ein Priester Opfergaben vor.

stadt des Reiches und Zentrum des religiösen Lebens, gestatteten ihm eine weitreichende Entscheidungsfreiheit in Dingen der Wirtschaft. Sein Einfluß betraf nicht nur die Stadt sondern auch die großen Tempel des Ortes und die außerhalb liegenden Besitztümer. Allein zum großen Tempel des Amun in Karnak gehörten mehr als 400 Gärten und über 200 Hektar bewirtschafteter Boden. Die vielen Titel des Sennefer, die man in seinem Grab findet, bestätigen nicht nur diese vielfältigen Machtbefugnisse, sondern weisen auch darauf hin, daß er sich unter allen hohen Beamten des Hofes einer besonderen und vermutlich herausragende Stellung erfreute.

Es ist auch möglich, daß Sennefer nie im Grab auf dem Hügel von Sheikh Abd el-Qurna begraben wurde, sondern an einem noch privilegierteren und exklusiveren Ort: im Tal der Könige. Die Entdeckung zahlreicher Gefäße mit den Namen Sennefers und seiner Gattin im Grab Nr. 42, im Tal der Könige, das möglicherweise für Thutmosis II. gedacht war, aber unvollendet geblieben ist, könnte diese Hypothese stützen.

Das Vestibül

Die Dekorationen der Grabkammer und des Vestibüls des Grabes von Sennefer sind bis heute vollkommen erhalten. Dies ist erstaunlich, da das Grab bereits zu Beginn des letzten Jahrhunderts für die Öffentlichkeit zugänglich war. Der Grund dafür liegt an seiner Tiefe und der guten Qualität des Felsen in diesem Bereich der Nekropole. Eine steile Treppe führt in das Vestibül, das 12 m unter der Erde liegt. Es handelt sich um einen kleinen Raum vor der Grabkammer, der mit dieser durch eine schmale Tür verbunden ist. Die Wandbemalungen im Vestibül stellen Sennefer als Lebenden dar. Er sitzt unter einer Laube, die mit riesigen Trauben beladen ist, und wohnt der Vorstellung der Grabausrüstung bei. Der Betrachter erkennt die Opfergaben wie Leinentücher, Fackeln, den Vorderlauf eines Rindes und Brote.

An der linken Wand wird gezeigt, wie die Opfergaben von zehn Priestern gebracht werden, die von der Tochter des Sennefer angeführt werden. An der rechten Wand sieht man Diener, die die Grabausrüstung bringen. Dazu gehören die Brustplatten, zwei *uschebti*, die Sandalen, ein herzförmiges Amulett und die Grabmaske. Auch die Barke und persönliche Dinge in zwei verschlossenen Kisten werden herbeigetragen.

Auf der Rückwand zu beiden Seiten der Tür, die in die Grabkammer führt, ist Sennefer betend dargestellt und seine Gemahlin Sennetnefret mit einem Sistrum. Sie verehren Osiris und Anubis, die beiden Hauptgottheiten des Jenseits, deren Bildnisse jedoch nicht mehr erkennbar sind.

Die Grabkammer

Die Dekoration der Grabkammer ist besonders vielfältig und stellt das Leben des Verstorbenen und seiner Gattin im Jenseits dar. Die Decke des Raumes wird von vier auf allen Seiten bemalten Pfeilern gestützt und nimmt das Motiv der mit Trauben beladenen Laube von der Decke des Vestibüls wieder auf, zeigt aber auch Flechtmuster, die für die Grabdecken der XVIII. Dynastie typisch sind.

Die Darstellungen auf den Pfeilern zeigen auf drei Seiten Merit, die Sennefer Lotusblumen, Parfümöle, Nahrung, Myrrhe, Schutzamulette, Leinenbinden, Halsketten und ein Sistrum überreicht. Gleich darauf sieht man in einem Zwischenstück auf dem einen Pfeiler (Pfeiler 4 siehe Plan S. 145) Merit vor ihrem Ehemann stehen. Die Szenen auf der vierten Seite jedes Pfeilers sind unterschiedlich: auf Pfeiler 1 (siehe Plan S. 145) erkennt man Sennefer und Merit unter einer Sykomore, auf Pfeiler 2 (siehe Plan S. 145) findet man eine Darstellung der Göttin der Sykomore, die dem Paar Wasser reicht, und darüber ein doppeltes Bild von Anubis in Schakalgestalt. Pfeiler 3 und 4 (siehe Plan S. 145) zeigen zwei Ausschnitte aus dem Ritus der „Mundöffnung".

Sennefer ist außerdem einmal im oberen Bereich eines Pfeilers auf einem Alabasterbecken abgebildet, während er von vier Priestern mit Wasser gereinigt wird (Pfeiler 3), und ein zweites Mal nach seiner Wiederbelebung immer noch umgeben von vier Priestern (Pfeilern 4).

Die Wanddekorationen wurden nicht wahllos gemalt, sondern in ganz genauer Anordnung, die der rituellen Ausrichtung des Grabes folgt, nach der im Osten die Tür der Grabkammer liegt.

Diese rituelle Ausrichtung erinnert an die Reise der Seele des Toten ins Jenseits, die nach drei verschiedenen Stadien in der Verwandlung und Wiedergeburt des Verstorbenen und seinem „Erscheinen im hellen Tageslicht" endet. Die Szenen beginnen auf der nord-westlichen Wand, die dem rituellen Süden entspricht, mit der Darstellung einer Opferszene durch Sennefer und Merit an Osiris, dem „Herrn des heiligen Landes, Fürst der Ewigkeit", und an Hathor, der „Herrin der westlichen Nekropole". Darauf folgt eine Darstellung von Sennefers Begräbnis. Der Sarkophag wird von vier Ochsen in die Nekropole gezogen. Ihnen voran gehen Diener, die in verschlossenen Holzkisten die Grabausrüstung und Opfergaben tragen. Dem Sarkophag folgen Freunde und hochrangige Beamte.

Als nächstes kommt die Darstellung von Einzelheiten des Bestattungsrituals: das Waschen und Reinigen des Körpers, der Transport der Kanopen, in denen sich die mumifizierten Eingeweide des Toten befinden.

Auf der nord-östlichen Wand, entsprechend dem rituellen Westen, erkennt man im ersten Teil eine doppelte Szene von Nahrungsopfern für Osiris. Sennefer und seine Gemahlin stehen an gefüllten Opfertischen, vor denen die Priester Fackeln und Trankopfer tragen. Begleitet sind die Szenen von Texten mit der Wiedergabe des Wortlauts der Opfer. Der Begleittext der ersten Szene lautet „Opfer gibt der König Osiris, dem Fürsten der Ewigkeit, damit er ihm Brot und Bier, Fleisch und alles Gute und Reine für das *ka* des gereinigten Sennefer geben möge".

Die Ostseite der Mauer ist für die Abbildung von Szenen der Flußschiffahrt reserviert. Dem geht eine Szene voraus, in der Sennefer und Merit den Gott Anubis und den wiederbelebten Osiris verehren, dessen Gesicht mit rötlicher Farbe bemalt ist, die im traditionellen Verständnis das Leben darstellt.

Auf der anderen Seite erinnert die nachfolgende Szene – in der logischen Folge geht sie allerdings dieser Szene voraus – an die Pilgerschaft nach Abydos, der „hei-

144 Sennefer und Merit werden auf den vier Säulen der Grabkammer vierzehnmal dargestellt. Auf diesem Bild überreicht Merit ihrem Gatten mit der einen Hand ein goldenes Halsband auf einem Tablett, und mit der anderen Hand berührt sie die zwei Herzen aus Gold und Silber auf der Brust ihres Gatten. Auf den Herzen ist die Kartusche Amenophis' II. eingraviert.

145 oben Merit bietet Sennefer eine Schale mit einem Getränk an. Darüber sieht man zwei udjat-Augen, die ein shenu-Zeichen umgeben, das eine beschützende Funktion hat.

ligen" Stadt, in der sich nach altem Glauben das Grab des Osiris befand. Osiris galt gleichzeitig auch als Verkörperung der Wiederherstellung der Macht und der Wiederbelebung, da er über den Tod triumphierte. Im Mythos des Osiris wurde der Gott, der von seinem bösen Bruder Seth verstümmelt worden war, von Isis, seiner Frau, der großen Zauberin, wieder zusammengesetzt. Ihr gelang es schließlich ihn wieder zu beleben, und beide bekamen dann ihren geliebten Sohn Horus. In Abydos ließen sich die Pharaonen der I. Dynastie sowie zwei Pharaonen der II. Dynastie begraben. Im Mittleren Reich ließen die Könige hier Kenotaphe errichten, um symbolisch an der Auferstehung des Osiris teilzuhaben. Die Toten mußten eine rituelle Pilgerfahrt vollziehen, um dem Gott ähnlich zu werden.

Es war Osiris, der dem *Totengericht* vorstand und das Herz des Toten „wog". Das Gegengewicht zum Herzen auf der Gerichtswaage war die Feder, das Zeichen der Göttin Maat, der Verkörperung der kosmischen Ordnung und göttlichen Gerechtigkeit. Erst nachdem der Tote diesen Prozeß überstanden hatte, wurde er *makheru*, „rein", und mit Osiris gleichgesetzt.

So sieht man auch Sennefer und seine Gemahlin Merit auf ihrer Reise nach Abydos in ihrem grün bemaltem Bestattungsboot unter einem Baldachin sitzen, zusammen mit einem Priester, der den Reinigungsritus vollzieht. Die Farbe Grün symbolisiert dabei den Papyrus und im übertragenen Sinn die Wiedergeburt.

Sennefers Boot wird von einem größeren zweiten Schiff gezogen, in dem die Ruderer und der Kapitän dargestellt sind, die den Nil abwärts nach Abydos fahren.

An der unteren Seite der Darstellung ist die Reise in entgegengesetzter Richtung und die Rückkehr in die Nekropole beschrieben. Das Schiff, das Sennefers Boot zieht, hißt ein rechteckiges Segel als Hilfe für die Ruderer auf ihrem Weg stromaufwärts nach Theben.

An der Ostwand sind der Tote und Merit zunächst bei der Verehrung von Osiris und Anubis dar-

gestellt. In der Mitte befindet sich eine Szene, die Kapitel 151 aus dem *Totenbuch* zeigt. Anubis, der göttliche Einbalsamierer, legt die Mumie des Sennefer auf das Totenbett. Die Göttinnen Isis und Nephthys stehen rechts bzw. links daneben. Außerdem sieht man das *ba* (eine der drei Seelen des Menschen) in Gestalt eines

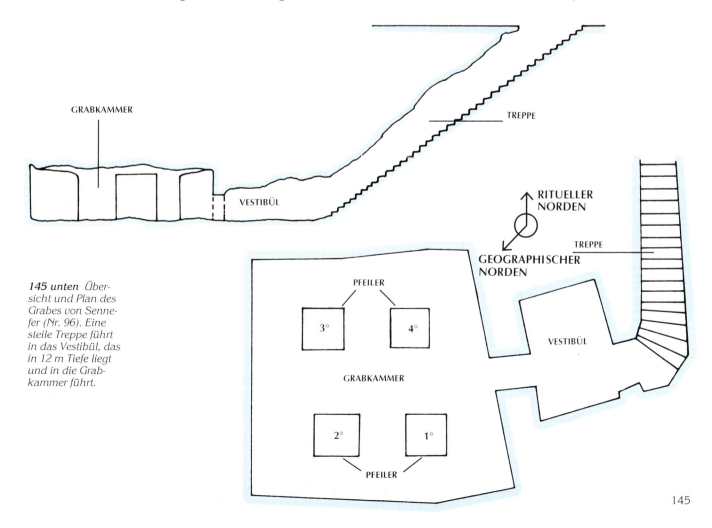

145 unten Übersicht und Plan des Grabes von Sennefer (Nr. 96). Eine steile Treppe führt in das Vestibül, das in 12 m Tiefe liegt und in die Grabkammer führt.

A) Diese Darstellung im Vestibül zeigt Diener, die die Grabausstattung herbeitragen. Zwei große Brustplatten, *Ledersandalen, zwei* uschebti, *die Grabmaske und ein herzförmiges Amulett.*

B) Über der kleinen Tür zwischen Vestibül und Grabkammer werden zwei Darstellungen von Anubis in der Gestalt eines schwarzen Scha- *kals gezeigt. Der Hieroglyphentext enthält eine Lobpreisung auf verschiedene Götter, wie z. B. Anubis, Mut, Amun-Re und Osiris.*

A

J

B

I

H

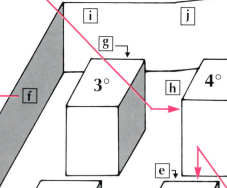

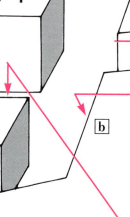

G

F

E

C) Sennefer und Merit werden auf einem Stuhl sitzend gezeigt. Merit trägt ein Stirnband, das mit einer Lotusblüte verziert ist. Unter dem Stuhl befinden sich zwei Alabastergefäße, die Parfümöl enthalten.

D) Dieses Detail zeigt die Decke der Grabkammer mit ihrer geometrischen, an Diamanten erinnernden Form der Dekoration.

E) Sennefer, der unter einer Sykomore sitzt, inhaliert den Duft der Lotusblume. Seine Frau Merit sitzt ihm zu Füßen. Er hält das sekhem-Zepter in den Händen. Vor dem Ehepaar steht ein Tisch mit drei Gefäßen, die mit Lotusblüten gefüllt sind.

F) Ausschnitt aus dem Deckengewölbe

G) Die berühmte, gewölbte Dekoration in Form einer Weinlaube

H) Dieses Detail zeigt die Rückreise der Pilgerfahrt von Abydos nach Theben stromaufwärts. Die Segel sind gesetzt, um die Arbeit der Ruderer zu erleichtern.

I) Merit überreicht dem an einer Lotusblume riechenden Sennefer zwei Leinenbänder.

J) Ein Priester, der in der Hand ein goldenes nemset-Zeichen trägt, vollzieht einen Reinigungsritus an Sennefer und Merit.

Hauptszenen
a) Beerdigungsprozession
b) Sennefer und seine Frau Merit
c) Beerdigungsprozession; der Tote vor Osiris und Hathor
d) Sennefers Frau überreicht ihm Blumen
e) Der Tote und seine Frau im Schatten einer Sykomore
f) Die Pilgerfahrt nach Abydos
g) Priester vollziehen einen Reinigungsritus an Sennefer.
h) Merit überreicht Sennefer zwei Leinenbänder.
i) Sennefer und Merit verehren Osiris und Anubis.
j) Darstellung des Grabesinneren
k) Reinigungsritus des Verstorbenen und seiner Frau; die Mumie des Toten und seine Seele mit Anubis, Isis und Nephthys

Vogels. An den Ecken des Rechtecks, in dem sich die gerade beschriebenen Szenen befinden, erkennt man die vier Söhne von Horus: Kebechsenuef, Duamutef, Amset und Hapi, die Beschützer der Kanopen. Im unteren Teil sind zwei *uschebti* und die Zauberformeln aus dem 6. Kapitel des *Totenbuches* dargestellt. Diese Formeln mußte der Tote aufsagen, um die *uschebti*, „diejenigen, die antworten", zu rufen und ihnen zu befehlen, an seiner Stelle die schwersten Arbeiten im Jenseits zu verrichten.

An der Südseite der Mauer findet man einen Ausschnitt aus der Zeremonie der „Mundöffnung". Sennefer und Merit werden von einem Priester gereinigt. Es handelt sich um eine sehr alte priesterliche Darstellung des Begräbnisrituals, bei dem der Priester ein Katzenfell trägt. Nach dieser Szene ist wieder ein Priester dargestellt, der vor Gottheiten Trank- und Brandopfer vollzieht.

In der westlichen Hälfte dieser Wand schließlich werden Sennefer und Merit zweimal abgebildet, zuerst sitzend auf einem hohen Lehnstuhl und dann stehend und bereit „im hellen Tageslicht zu erscheinen", um die Sonnenscheibe bei ihrer täglichen Reise zu sehen. Sie treten symbolisch wieder aus der Tür der Grabkammer heraus. Darüber sieht man ein Doppelbild des Anubis, „des Einbalsamierers", in Gestalt eines schwarzen Schakals, der an einem Strauß Lotusblumen riecht, über zwei Kapellen, die wiederum das Grab selbst darstellen sollen.

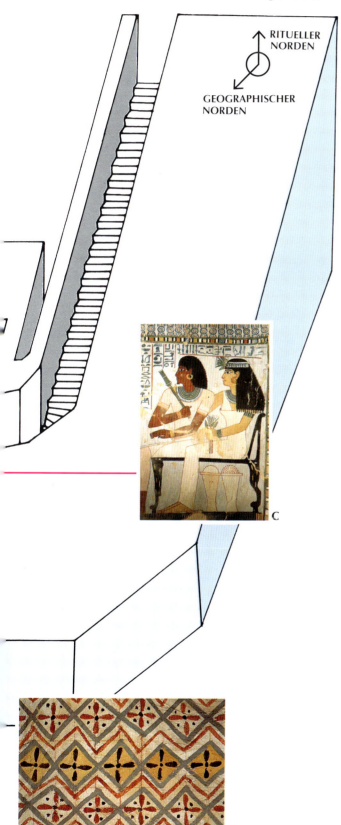

DAS GRAB DES RECHMIRE

(Nr. 100)

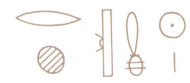

148 oben Detail aus der Darstellung des Begräbnisbanketts. Eine junge Dienerin hilft einer Frau beim Anlegen von Schmuckstücken.

148 Mitte Während des Begräbnisbanketts spielen drei junge Frauen ehrfurchtsvoll die Harfe, die Laute und das Tamburin. Der Darstellungsstil der Szene ist außerordentlich elegant, er ist typisch für die XVIII. Dynastie.

148 unten Die Diener des Toten bringen die reiche Grabausstattung.

149 oben links Dieses Bild zeigt verschiedene Stadien der Arbeit eines Goldschmieds (im oberen Teil), eines Gerbers und eines Kürschners (im unteren Teil).

149 oben rechts Rechmire lebte zur Zeit Thutmosis' III. und Amenophis' II. und hatte das Amt des Wesirs inne.

149 unten Diese Darstellung zeigt die unterschiedlichen Stadien bei der Herstellung von Lehmziegeln.

Das Grab von Rechmire, Wesir unter Thutmosis III., und Amenophis II., liegt im oberen Teil des süd-östlichen Hügels von Sheikh Abd el-Qurna, in der Nähe des Grabes von Sennefer (Nr. 96). Es ist eines der interessantesten Privatgräber.

Angesichts der Bedeutung seiner Person überrascht es nicht, daß sich Rechmire solch ein außergewöhnliches Grab errichten ließ. Die mit Hilfe des Grabmals erschlossenen Sterbedaten ermöglichen eine Datierung des Baus in das Reich von Thutmosis III., bestätigen aber auch, daß Rechmire zur Zeit Amenophis' II., also in einer Phase der großen Expansion des Reiches, noch lebte. Obgleich das Grab des Rechmire eine einfache T-Form aufweist, die typisch ist für die Gräber der XVIII. Dynastie, unterscheidet es sich von allen anderen durch seine eindrucksvollen Abmessungen, die Qualität der Verzierungen und die Vielfältigkeit des Bildprogramms.

Auf den Hof folgt die Querhalle (Vestibül) mit einer beachtlichen Größe. Daran schließt sich eine Längshalle oder Kapelle an, die sich nicht nur längs der Hauptachse südwärts sondern vor allem in die Höhe erstreckt: Die Decke, die in einer bemerkenswerten Höhe von 3 m beginnt, steigt diagonal bis in eine Höhe von 9 m an. Dieser Anstieg ergibt eine verzierte Gesamtfläche von 300 m².

Eine architektonische Besonderheit des Grabes erkennt man im Fehlen des Grabbrunnens, was zu der Annahme führte, daß Rechmire nie in diesem Grab bestattet wurde, sondern vielmehr im Tal der Könige, in einem bis heute unbekannten Grab. Dies war ein Privileg der hochrangigen Beamten, die in der Gunst des Pharaos standen.

Die Malereien im Grab sind sehr gut erhalten und von hoher Qualität. Der Illustrationsstil erinnert manchmal an den archaischen der Gräber des Mittleren Reiches, von dem er anscheinend inspiriert wurde, obwohl er viel lebendiger und farblich reicher ist, während die Gemälde in anderen Momenten eine Lebendigkeit und Dynamik besitzen, die für die zweite Hälfte der XVIII. Dynastie typisch sind.

Die vielfältigen Themen in den Verzierungen sind auch deshalb sehr interessant, weil viele einzigartig sind und eine vollständige und detaillierte Übersicht über zahlreiche Aspekte des täglichen Lebens und der Handwerksarbeit der Epoche vermitteln. Selbstverständlich bietet dieses Grab auch Darstellungen von Themen, die in anderen Gräbern ebenfalls vorkommen. So findet man auch Szenen religiöser Riten, wie der Zeremonie der „Mundöffnung" oder der Beschreibung des *Schönen Talfestes,* eines der wichtigsten Feste. Leider wird die Betrachtung der oberen Abbildungen der Kapelle durch die unglaubliche Höhe des Raumes fast unmöglich gemacht. In einigen Fällen liegt ein derart großer Reichtum an Bildfolgen vor, daß eine genaue Analyse den Rahmen dieses Buches übersteigen würde. Aus Platzgründen beschränkt sich die Beschreibung deshalb auf die Hauptszenen im unteren und mittleren Teil, die der Besucher erkennen kann.

Das Vestibül

An der süd-westlichen Wand des Vestibüls, die sich links vom Eingang befindet, sind in fünf Teilen die Produkte aus Oberägypten

abgebildet. Der Betrachter erkennt auch einen Begleittext, der die Waren beschreibt, die vom Wesir bzw. seinen Dienern schriftlich registriert werden. An der angrenzenden kleinen Westwand steht ein langer autobiographischer Text. An der nord-westlichen Wand kann eine äußerst interessante Szene betrachtet werden, die die Tribute ferner Länder zeigt, die in fünf Gruppen eingeteilt und von Schreibern gewissenhaft registriert werden. Die Darstellung zeigt die Bewohner des geheimnisvollen Landes Punt mit Weihrauchbäumen, Pavianen, Affen und Tierfellen; die Einwohner von Kefti, einem Gebiet, das wahrscheinlich mit der heutigen Insel Kreta identisch ist, die Töpfe und Becher tragen. Die Nubier

sind mit verschiedenen Tieren (Giraffen, Leoparden, Pavianen, Affen und Hunden) abgebildet. Sie bringen Elfenbein, Tierfelle und Gold dar. Die Syrer, die Töpfe, Karren, Waffen und verschiedene Tiere (Pferde, einen Bären und einen Elefanten) bringen, werden ebenfalls gezeigt. Eine weitere Gruppe vereint fremde Völker aus unterschiedlichen Ländern, darunter sind Frauen mit negroidem Aussehen besonders erwähnenswert, die ihre Kinder an der Hand führen. An der östlichen Seite der Südwand inspizierte Rechmire, dessen Bild heute verloren ist, die Stämme aus Unterägypten und die Werkstätten der Handwerker, die in den Tempeln arbeiteten. An der Ostwand sind einige der Ver-

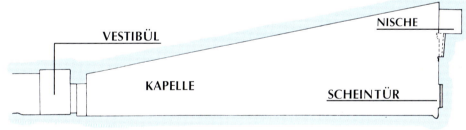

wandten des Rechmire zu sehen, während an der Ostseite der Nordwand die Produkte aus dem Mittelmeergebiet Unterägyptens abgebildet sind, zusammen mit Szenen aus Weinbau, Fischerei und Jagd.

Die Längshalle

Die Abbildungen der Längshalle sind zweifellos die interessantesten und besterhaltenen des gesamten Grabes. An der Westwand ist der Verstorbene zunächst in einer Reihe von Szenen in sechs Teilen dargestellt. Man sieht das Einbringen und Zubereiten der Nahrungsvorräte, die

A) Die Längshalle des Grabes von Rechmire besteht aus einem engen Gang, der eine Höhe von bis zu 9 m erreicht. Die ca. 300 m² der Oberfläche sind vollständig bemalt.

B) Träger bringen Tribute anderer Länder herbei: Elfenbein, Häute, Straußeneier und -federn, einen Pavian und einen Affen.

C) Die schöne Giraffe, an deren Hals ein Affe herumklettert, gehört zu den Tributen.

D) Gold und Silber wird unter der strengen Kontrolle des Schreibers gewogen, der das Gewicht genau notiert.

E) Dargestellt werden die verschiedenen Stadien der Bemalung von Vasen und anderen Gefäßen.

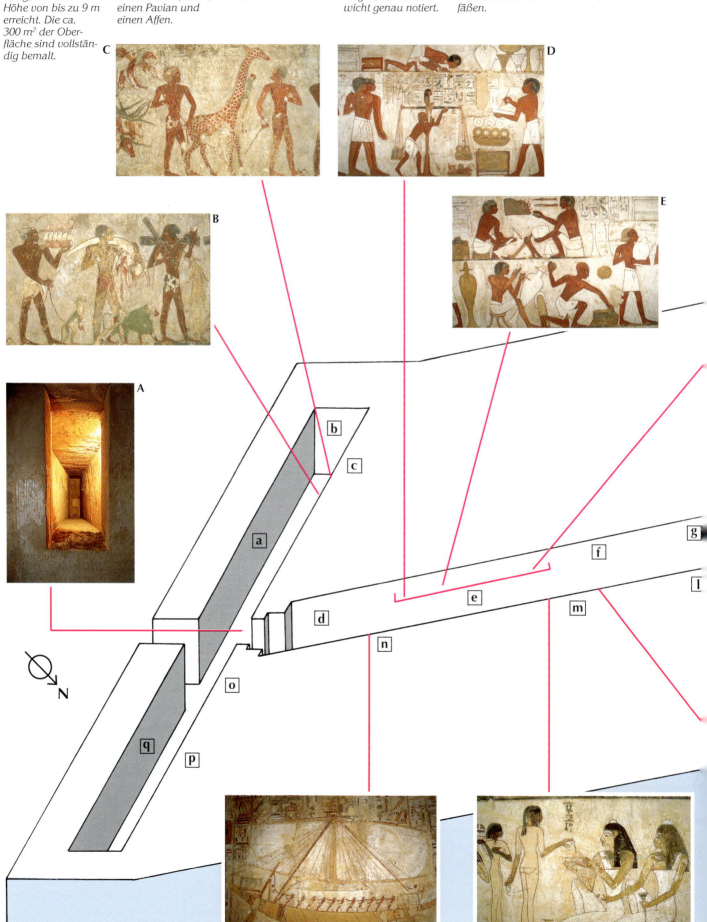

150

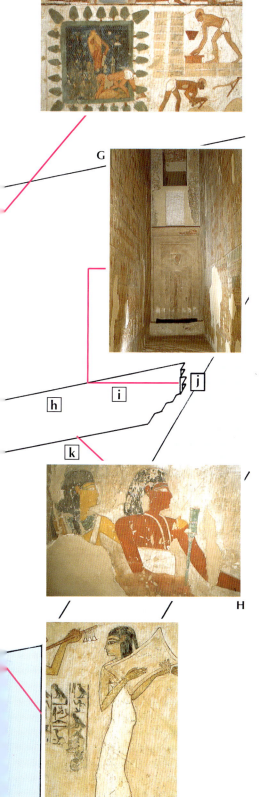

dem Tempel zugeteilt waren. Der Wesir überwacht deren Verteilung. In der sich anschließenden achtteiligen Bildfolge werden alle Handwerkerarbeiten dargestellt, die für den Tempel des Amun ausgeführt wurden. Der Betrachter sieht Töpfer, Schreiner, Dekorateure, Goldschmiede, Bildhauer und Steinmetze. Letztere sind damit beschäftigt, aus ungebranntem Lehm Ziegel zu formen. Die Ziegel werden zum Bau einer großen, geneigten Fläche transportiert. Einige Bildhauer sind dabei, zwei riesige Statuen aus rotem Granit zu errichten.

Die folgende zehnteilige Szene zeigt Begräbnismotive: die Bestattungsprozession, die Aufrichtung von Obelisken, der Katafalk, der von neun Freunden des Toten getragen wird, die Pilgerfahrt nach Abydos, die Reinigung des Verstorbenen, Tanzszenen sowie Bilder ritueller Schlachtungen.

F) Aus einem von Bäumen umgebenen Teich entnehmen Arbeiter das Wasser, das Sie benötigen um den Lehm vorzubereiten, aus dem die Ziegel hergestellt werden.

G) Die Rückwand der Längshalle hat eine Scheintür über der sich eine Nische für die Stele befindet.

H) Der Wesir Rechmire hat das Zepter (sekhem) in der Hand; hinter ihm seine Frau.

I) Eine junge Frau spielt das Tamburin.

J) Während des Begräbnisbanketts serviert eine Dienerin einer Dame ein Getränk.

K) Ein großes Lastschiff mit gesetztem Segel und Ruderern bei der Arbeit befährt den Nil.

Hauptszenen
a) Der Tote überwacht das Eintreiben von Steuern in Oberägypten.
b) Inschrift
c) Tribute der Fremdvölker
d) Vorbereitung und Lagerung der Speisen
e) Töpfer, Schmiede und Maurer bei der Arbeit
f) Der Tote beim Überwachen
g) Begräbnisprozession
h) Hathor-Imentet, Anubis und Osiris
i) Der Tote und seine Frau vor einem Tisch mit Opfergaben
j) Scheintür, Inschriften und Nische
k) Opfer- und Reinigungsriten
l) Darstellung des Lebens und der Kultivierung in einem Garten
m) Das Begräbnisbankett: Darstellung der Musiker
n) Der Tote kehrt von einer Audienz beim König zurück; Schiffe.
o) Jagdszene in der Wüste
p) Traubenernte; Vorbereitung der Nahrungsmittel und ihre Aufbewahrung
q) Darstellung des Landlebens (teilweise zerstört); der Tote überwacht die Steuereintreibung in Unterägypten.

In der schmalen Rückwand befindet sich eine Nische, in der man eine Stele entdeckte, die heute im Louvre steht. Der Betrachter erkennt darunter eine Scheintür, ein Schmuckelement aus dem Alten Reich, die symbolisch ins Jenseits führte. Die Wandbilder, begleitet von Textkolumnen, beschreiben die Opfer und stellen den Verstorbenen dar, der sich vor Osiris verneigt, während der Sohn des Rechmire dem verstorbenen Vater und seiner Gemahlin Opfer darbringt.

An der Ostwand der Längshalle schließlich, sind die Söhne des Rechmire mit seiner Gemahlin und seiner Mutter abgebildet. In den folgenden zehnteiligen Szenen sind die Riten dargestellt, die vor der Statue des Verstorbenen ausgeführt wurden. Dazu sieht man Szenen von der rituellen Schlachtung wilder Tiere, ihrer Reinigung und der Zubereitung der Nahrung vor dem Toten, der auf einem hohen Lehnstuhl sitzt. Herrvorragend sind auch die Abbildungen eines herrlichen Gartens, eines Wasserbeckens und eines Schiffes. Die zehnteilige Darstellung des Begräbnisbanketts schließt sich an. Die Söhne und Töchter des Verstorbenen überreichen dem Toten und seiner Gemahlin Blumengebinde, während sowohl männlich als auch weibliche Musikanten in prächtigen Kleidern verschiedene Instrumente spielen: Laute, Tamburin, Flöte, Harfe und Kastagnetten. Die auf Matten sitzenden Gäste speisen und werden von zahlreichen Sklaven bedient. In der letzten Reihe von Szenen schließlich, die die Dekoration der östlichen Wand der Längshalle vervollständigen, erkennt man die Verkündigung einer Reise, die der Tote in einem Boot antritt, um von Pharao Amenophis II. eine hohe Auszeichnung zu erhalten. Ferner ist eine Audienz dargestellt, die der Wesir Würdenträgern und Bittstellern gewährt.

Obwohl diese Beschreibung der Gemälde im Grab von Rechmire kurz und nicht vollständig ist, vermittelt sie doch einen Eindruck von der Komplexität der Dekoration.

151

DAS GRAB DES NACHT

(Nr. 52)

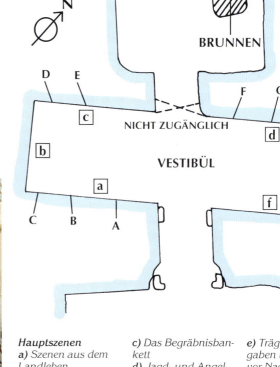

Hauptszenen
a) Szenen aus dem Landleben
b) Die Scheintür; die Gottheit Nut sammelt die Opfergaben.
c) Das Begräbnisbankett
d) Jagd- und Angelszenen; Traubenlese und die Herstellung von Wein
e) Träger von Opfergaben und Priester vor Nacht und seiner Gemahlin
f) Reinigung der Opfer vor Nacht

Das Grab des Nacht wurde Ende der 80er Jahre unseres Jahrhunderts in einem besonderen und daher teurem Verfahren restauriert.
An den Wänden werden, neben Opferszenen und Begräbnisriten, Momentaufnahmen des Landlebens dargestellt. Man erkennt zum Beispiel den Getreideanbau, das Anlegen kleiner Bewässerungskanäle, die Ernte, den Fischfang und die Jagd im Nildelta. An der linken Wand sieht man eine Stele, auf der Diener und zwei Frauen dargestellt sind, die Opfer darbringen.
Das Thema der Opfer wiederholt sich auf den Bildern im Eingangsbereich des Grabes. So wird das Darbringen von Nahrungsopfern für den Toten und seine Gemahlin Tawi gezeigt. Man erfährt auch den Titel des

A) Ein Bauer streut Samenkörner aus, die er in einem Behältnis mit sich führt. Ein Landarbeiter lockert den Boden mit einem Holzgerät auf.

B) Zwei Bauern pflügen mit einem, von einem Ochsen gezogenen, hölzernen Pflug den Boden.

C) Zwei Gruppen von Landarbeitern dreschen mit Holzflegeln Getreide. Das gedroschene Getreide wird in die Luft geworfen, damit sich die Spreu vom Weizen trennt.

D) Eine Dienerin hilft einer Dame beim Anlegen von Schmuckstücken.

E) Drei junge Frauen spielen beim Begräbnisbankett die Harfe, die Laute und ein Rhythmusinstrument. Die Frau in der Mitte spielt eine Art Laute. Hier sieht man zum ersten Mal in der ägyptischen Kunstgeschichte eine Frau mit nacktem Oberkörper.

F) Dieser hübsche Bildausschnitt zeigt Nachts Frau, die einen kleinen Vogel in ihrer Hand hält.

G) In dieser doppelten Szene ist Nacht bei der Vogeljagd im Sumpf abgebildet. Er ist mit seiner Frau und zwei Kindern in einem Papyrusboot zu sehen, von dem aus er den Jagdspeer wirft.

H) Diese zweiteilige Bildfolge zeigt im wesentlichen die Bereitung von Speisen und Getränken. Im oberen Teil sammeln Landarbeiter Trauben, die von anderen gepreßt werden. Der auf diese Weise gewonnene Traubenmost wird in kö-nisch geformte Behältnisse gefüllt. Im unteren Teil ziehen Diener ein großes, mit vielen Vögeln gefülltes Netz. Ein anderer Diener rupft die Vögel, die ein weiterer Diener dann ausnimmt.

Toten: „Sänger des Amun". In einer weiteren Szene bringt das Paar dem Gott Amun Gaben dar. An der Grundmauer der linken Seite ist ein Begräbnisbankett abgebildet. Es handelt sich um das erste Gemälde in Theben, das weibliche Nacktheit darstellt: das berühmte Bild der drei Musikantinnen.

153

DAS GRAB DES MENENA

(Nr. 69)

Im Grab des Menena, das in Form, Stil und Abmessungen jenem von Nacht ähnelt, sind alle klassischen Themen der Gemälde Thebens aus dieser Epoche vertreten. Die bemerkenswerteren Malereien stellen vor allem aber bäuerliche Arbeiten dar. Über fünf Ebenen verteilt, be-

Hauptszenen
a) Landwirtschaftliche Szene
b) Der Verstorbene und seine Frau vor Osiris
c) Der Verstorbene und seine Frau beim Begräbnisbankett (fragmentarisch)
d) Träger von Opfergaben und die Begräbnisprozession
e) Der Tote vor Osiris
f) Nische mit Statuen des Verstorbenen und seiner Frau
g) Menena mit seiner Familie beim Jagen und Fischen in den Sümpfen
h) Pilgerfahrt nach Abydos
i) Der Verstorbene und seine Frau erhalten Gaben und eine Liste von rituellen Gaben
j) Eine dreiteilige Stele: Die Götter des Westens, das sitzende Paar, der Verstorbene und seine Frau im Gebet
k) Opferszene

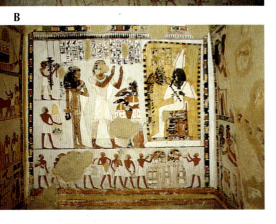

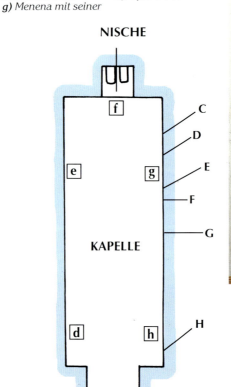

A) Das Grab des Menena, der den Titel „Katasterschreiber der Ländereien und Feldmesser" trug, enthält hauptsächlich Darstellungen aus der Landwirtschaft. Die vierteilige Bildfolge auf dieser Wand zeigt unterschiedliche Stadien der Getreideernte. Sie wird vom Schreiber überwacht, der den Ertrag sorgfältig notiert.

B) Der Verstorbene und seine Frau vor einem Tisch mit Opfergaben beten zu Osiris, der auf einem Thron in einem Schrein sitzt.

C, D) Eine Tochter von Menena pflückt einen Strauß Lotusblumen, eine andere trägt Lotusblumen und die Vögel, die gerade gefangen wurden.

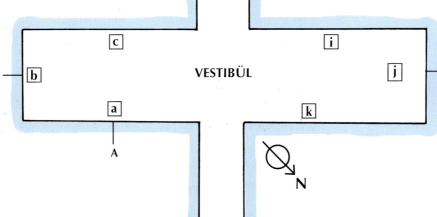

E) Dieser wunderschöne Bildausschnitt zeigt das Leben im Sumpf. Zwischen Papyrus und Lotusblumen tummeln sich viele Arten von Vögeln und legen ihre Eier. Rechts kann man eine Katze sehen, die gefährlich nahe bei einem Nest lauert. Zwei Schmetterlinge fliegen am Himmel.

F, G) Menena, von seiner Frau und seinen Kindern begleitet, steht auf einem Papyrusboot. Auf der rechten Seite des Bildes fängt er Fische mit einer Harpune. Zwei hat er schon gefangen (F). In der linken Bildhälfte wirft er einen Speer, um Vögel zu fangen. Die Vögel fliegen im Papyrusdickicht jedoch auf. Diese Darstellung erinnert an die Bilder aus dem Grab des Nacht. Es ist daher zu vermuten, daß der Künstler, der das Grab des Nacht gestaltet hat auch beim Grab des Menena mitgewirkt hat.

H) Im oberen Teil dieses Bildausschnitts sieht man die Pilgerfahrt nach Abydos. Die Schiffe befinden sich auf der Rückreise nach Theben stromaufwärts. Die untere Hälfte des Bildes zeigt verschiedene Riten, die der Toten – in Gestalt der Mumie – beim Einstieg ins Jenseits zu durchleben hatte. Insbesondere kann der Ritus der „Mundöffnung" erkannt werden.

decken sie die gesamte linke Seitenwand des Vestibüls. Die Darstellungen zeigen Menena, den „Katasterschreiber der Ländereien und Feldmesser", der das Einbringen der Ernte überwacht. Die Darstellungen enthalten verschiedene Details. So ist zum Beispiel gut zu sehen, wie ein kleines Mädchen einen Dorn aus dem Fuß eines Knaben entfernt.
Auf der linken Seite der Mauer im Vestibül ist der Verstorbene dargestellt. Er wird von seiner Gemahlin Henut-taui begleitet. Auch Osiris ist in seinem Schrein sitzend zu sehen. Auf der rechten Wand der Kapelle zeigt eine Szene den Toten, der Vögel fängt und auf Papyrusbooten in den Sümpfen in Begleitung seiner Gemahlin fischt. Auf der gegenüberliegenden Wand ist eine vollständige Darstellung der Bestattung des Toten zu sehen.

I) Auf der westlichen Wand des Vestibüls befindet sich diese Stele. Oben wird Re-Harachte mit den Hauptgottheiten des Begräbniskultes dargestellt. In der Mitte sieht man eine doppelte Darstellung des Verstorbenen mit seiner Frau Henut-taui.

DAS GRAB DES RAMOSE

(Nr. 55)

Das Grab des Ramose liegt auf dem Hügel von Sheikh Abd el-Qurna. Das Grab des Wesirs unter Amenophis III. und Amenophis IV. (Echnaton) ist zu Beginn der Regierung des Echnaton entstanden. Es ist eines der interessantesten Gräber, da es den Stilwandel, der sich unter Echnaton vollzog, verdeutlicht.
Aufgrund des frühen Todes von Ramose wurde das Grab nicht vollendet, so daß ein Teil der Szenen nur skizziert bzw. gemalt wurde, während andere Teile der Wände mit Reliefs verziert sind. Die Reliefverzierungen der beiden Wände im Gang, der in den Säulensaal führt, haben das Begräbnisbankett zum Thema. Die Decke des Säulensaals wird von 32 Säulen getragen. Die linke Wand dieses Raumes weist mehrfarbige Gemälde auf, welche die Bestattung des Toten zeigen. Der Betrachter dieser berühmt gewordenen Darstellung kann die weinenden Frauen, den Grabhof und die Grabausstattung, die im Grab belassen werden sollte, erkennen. Die Mauern des Säulensaales zeigen außerdem zwei Darstellungen des Ramose in Begleitung von Amenophis IV. Auf dem im klassischen Stil gearbeiteten Bild an der rechten Seite schenkt Ramose dem König und der Göttin Maat Blumen. Auf der linken Seite befindet sich eine im Stil der Amarna-Kunst gestaltete unvollendete Darstellung, in der der König und die Königin Zeremonien zu Ehren des Toten beiwohnen. Vom Säulensaal gelangte man durch eine Öffnung in den heute unzugänglichen Inneren Saal und von dort in die Kapelle.

A) Porträt eines Gastes des Banketts von Ramose. Die Darstellung des Begräbnisbanketts ist nur in den Kalkstein graviert ohne Verwendung von Farben, mit Ausnahme der Darstellung der Augen und des Glanzes der Personen. Trotz des konservativen Stils vermittelt das Bild Eleganz und Formvollendung.

B) Dieses Detail zeigt eine Reihe von Grabbeigaben für Ramose. Die Diener tragen die reichen Grabbeigaben in die Grabkammer.

C) Frauen, die ihre Haare als Zeichen der Trauer offen tragen, beweinen den Tod von Ramose. Sie heben ihre Arme, als der Sarkophag an ihnen vorbeigetragen wird. Diese Darstellung ist ein Meisterstück der XVIII. Dynastie und vermittelt leinen Eindruck der Trauer im Angesicht des Todes.

D) Detail der Darstellung der rituellen Reinigung des Ramose, der zur Zeit von Amenophis III. und Amenophis IV. lebte und Wesir war.

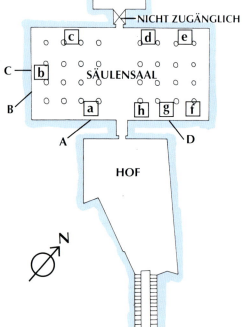

Hauptszenen
a) Begräbnisbankett
b) Begräbnisprozession
c) Der Verstorbene bringt ein Opfer zu Ehren von Amenophis IV. und der Göttin Maat dar.
d) Der Verstorbene, begleitet von Würdenträgern von Amenophis IV. und der Königin Nefertiti
e) Ramose empfängt fremde Delegationen und erhält Blumengirlanden aus dem Tempel.
f) Priester vor dem Verstorbenen und seiner Familie
g) Drei Mädchen mit einem Sistrum sind vor dem Verstorbenen und seiner Frau abgebildet; der Reinigungsritus der Statue von Ramose
h) Der Verstorbene mit seiner Frau und Trägern von Gaben verbrennt Weihrauch.

DAS GRAB DES CHONS

(Nr. 31)

Das erste Privatgrab (Nr. 31) wurde für Chons, „erster Wahrsager von Thutmosis III." erbaut. Es ist mit schönen Szenen vom Fest des falkengestaltigen Gottes Month verziert. Auf einer Seite sieht man den als Priester dargestellten Toten und seinen Bruder. Beide verbrennen Weihrauch und bringen Month Opfer dar. Auf der gegenüberliegenden Seite erkennt man den Toten, wie er Opfer zum Boot des Thutmosis III. bringt. Das Boot kommt in Armant an, dem nördlich von Theben gelegenen Geburtsort des Gottes Month. Es wird dann von den Priestern in den Tempel gebracht. Eine andere Wand zeigt den Toten, seine Frau und Usermont, den Wesir. Der Tote wird von Harsiesis vor Osiris, Isis und Nephthys gebracht. In Anwesenheit von Maat, der Göttin der Gerechtigkeit, wird das Herz des Verstorbenen gewogen.

Die Nordwand des Grabes zeigt das Fest Thutmosis' III. und die Prozession des königlichen Bootes vor dem Tempel, das von den Priestern und Priesterinnen empfangen wird. Ferner erkennt man Schäfer mit ihren Herden und Hunden, die dem Toten, seiner Frau und seiner Familie Kühe und Ziegen opfern. Am Durchgang zur inneren Kammer ist die Decke mit Trauben verziert. Der Eingang zur inneren Kammer ist mit Enten, deren Flügel ausgebreitet sind, sowie dem Bildnis von drei Heuschrecken dekoriert.

Die Grabnische ist mit interessanten Szenen geschmückt. Eine besonders lebendige Szene zeigt den Verstorbenen, der dem Pharao Nebhepetre Mentuhotep (XI. Dynastie), einen Blumenstrauß bringt. Der Pharao trägt die weiße Krone von Oberägypten und ein Zepter, das Symbol der Macht.

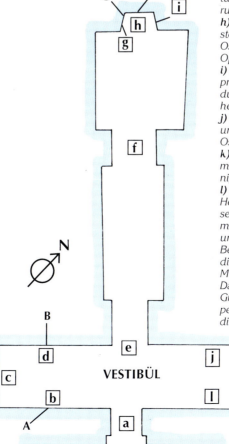

Hauptszenen

a) Der Verstorbene, seine Frau und die Kinder beten zu Re. Die Decke ist mit Vogelbildern verziert.
b) Die Darstellung der Barke des Month; Priester in Verehrung der Barke des Month
c) Fortsetzung der Prozession der heiligen Barke von Month
d) Priester tragen die Barke von Month; Säule aus dem Tempel des Month.
e) Weihrauchopfer für Osiris, Hathor und Re-Harachte
f) Die Decke ist mit Vögeln und drei Heuschrecken dekoriert.
g) Chons im Gewand eines Priesters überreicht dem Pharao mit der weißen Krone von Oberägypten Lotusblüten und Papyrus.
h) Der Tote in Priesterkleidung bringt Osiris und Anubis Opfer dar.
i) Der Verstorbene in priesterlicher Kleidung opfert der Gottheit Hathor-Imentet.
j) Der Verstorbene und seine Familie vor Osiris und Anubis
k) Das Fest von Thutmosis III. mit dem königlichen Boot
l) Das Wiegen des Herzens; der Tote mit seiner Frau zusammen mit Osiris, Isis und Nephthys; die Begräbnisprozession, die Priester opfern der Mumie Weihrauch; Darstellung eines Grabes und einer Kapelle von Deir el-Medina.

A) Ein Boot, das von fünf Ruderern bewegt wird fährt auf dem See des Tempels von Month.

B) Priester tragen das Boot des Month auf ihren Schultern in den Tempel.

C) Der Verstorbene reicht dem Pharao Nebhepetre Mentuhotep Blumen.

D) Der Verstorbene bringt Osiris und Anubis Weihrauch dar.

DAS GRAB DES USERHET

(Nr. 51)

Grab Nr. 51 wurde für Userhet, „erster Prophet des königlichen *ka* von Thutmosis I.", in der Zeit von Sethos I. erbaut.
Das Grab zeichnet sich durch eine Reihe von Darstellungen des Besitzers, seiner Gemahlin und seiner Mutter in sehr lebhaften Farben aus.
Die östliche Wand zeigt eine elegant ausgestaltete Szene. Der Verstorbene, seine Frau und seine Mutter sitzen unter einer Sykomore. Drei kleine Vögel lassen sich auf seinen Ästen nieder. Über dem Wipfel des Baumes fliegen die Seelen der drei Menschen in Gestalt von Vögeln mit menschlichen Köpfen. Die Baumgöttin gießt Wasser zum Trinken ein und trägt Brot, Äpfel und Feigen auf. Eine weitere doppelt ausgeführte Szene zeigt die rituelle Pilgerfahrt nach Abydos und den Toten mit seiner Frau vor Anubis und Osiris.
Auf der südlichen Wand werden Szenen der Verehrung und Reinigung gezeigt. Der Gott Thot präsentiert Osiris und Anubis seinen Bericht über das Leben des Verstorbenen. Der Tote wird bei der Verehrung des Month und einer Göttin dargestellt.
Die südliche Wand (links) zeigt außerdem Userhet, der von Anubis vor Gericht gestellt wird. Ferner erkennt der Betrachter das Wiegen des Herzens vor Osiris und die Begräbnisprozession.

A) Kerzen für das Schöne Talfest und andere Opfergaben werden Userhet und seiner Frau dargebracht.

B) Zwei Priester in ihrer typischen Kleidung, einem Katzenfell, vollziehen den Ritus der Reinigung und der Räucherung. Frauen beweinen den Toten.

C) Auf der östlichen Wand des Vestibüls werden der Verstorbene, seine Frau und seine Mutter im Angesicht der Gottheit der Sykomore dargestellt.

D) Userhet, der „erste Prophet des königlichen *ka* von Thutmosis I.", wird hier vor einem Tisch von Opfergaben stehend in betender Haltung gezeigt.

An der nördlichen Wand zieht eine Gruppe von weinenden Frauen die Aufmerksamkeit auf sich. Der Tote mit seiner Familie vergießt einen Balsam als Geschenk für Osiris. Dieser wird in Begleitung zweier Göttinnen gezeigt.
Die nördliche Wand (rechts) zeigt außerdem die Prozession zum Fest von Thutmosis I. und Userhet auf dem Weg aus dem Tempel. Weiterhin wird gezeigt, daß der Tote das göttliche Boot und die königliche Statue in Schwarz, die Osiris darstellt, verehrt.
Der zweite Raum mit vier Säulen in quadratischer Anordnung ist nicht zugänglich.

Hauptszenen
a) Stele mit Fragmenten der Begräbniszeremonie, insbesondere der Mumifizierung; weiter unten: Text der Opferung
b) Das Wiegen des Herzens; Darstellung von Osiris und Hathor; der Verstorbene betet zum falkenköpfigen Gott Re-Harachte; Begräbnisritual vor der Mumie
c) Männer, die Geschenke tragen; der Verstorbene beim Verlassen des Tempels, verehrt das göttliche Boot; Priester mit Fächern und der Kartusche von Thutmosis I.
d) Der Verstorbene mit zwei Frauen und einem Sohn bringt Osiris und zwei weiteren Göttern Opfer dar.
e) Priester mit weinenden Frauen trinken und bringen dem Toten und seiner Frau ein Opfer dar.
f) Der Verstorbene und zwei Frauen erhalten von der Göttin der Sykomore Datteln und andere Früchte; oberhalb der Frauen eine Darstellung der Seelen; die Pilgerfahrt nach Abydos; der Verstorbene und seine Frau vor Osiris und Anubis
g) Anbetungsszene; in einem Schrein befinden sich Anubis, Osiris und Thot; Reinigungsriten von acht Priestern; der Tote vor Opfergaben.

DAS GRAB DES BENIA

(Nr. 343)

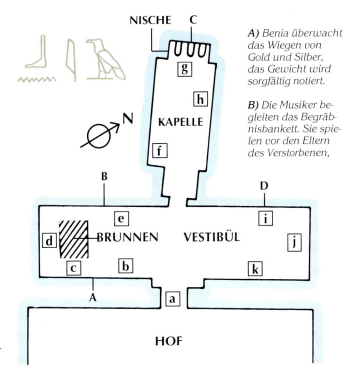

A) Benia überwacht das Wiegen von Gold und Silber, das Gewicht wird sorgfältig notiert.

B) Die Musiker begleiten das Begräbnisbankett. Sie spielen vor den Eltern des Verstorbenen, die vor einem Tisch mit Opfergaben sitzen, und ihren Gästen.

C) Diese drei Kalksteinstatuen, die sich in der Nische der Kapelle befinden, stellen den Verstorbenen und seine Eltern dar.

D) Die dreiteilige Darstellung zeigt Benia, den „Aufseher der Arbeiter im Schatzhaus" vor einem Tisch mit Gaben sitzend bei der Inspektion der dargebrachten Opfer: Vieh, Vögel, Fische, Lotusblumen und eine Vielzahl von Speisen.

Das Grab Nr. 343 gehörte Benia, einem Amtsträger, der während der XVIII. Dynastie lebte und den Titel „Aufseher der Arbeiter im Schatzhaus" trug.
Im Vestibül des Grabes sind verschiedene Szenen zu sehen. Eine Wand zeigt den Toten mit verschiedenen Nahrungsmitteln vor sich; er opfert zwei gebratene En-

A

B

C

ten auf einem Kohlenbecken. Der Verstorbene sitzt auf einem Stuhl vor neun in drei Reihen aufgestellten Menschen, die Geschenke überbringen.
An der anderen Wand begutachtet der sitzende Tote verschiedene dargebotene Opfer: Vieh, Fische, Vögel, Lotusblumen, Speisen und Gemüse.
Eine weitere Szene zeigt den Toten, der drei Hauptbücher auf die Anzahl von Ebenholz, Elfenbein, Silber- und Goldringe hin überprüft. Die wertvollen Güter werden danach auf einer Waage mit einem kleinen Kalb als Gegengewicht gewogen. Das Gewicht wird von drei Schreibern protokolliert.
Auf der gegenüberliegenden Wand sieht man eine anmutig gestaltete Szene mit dem Verstorbenen, der vor einem Tisch sitzt, der mit den von einem Priester gebrachten Gaben reich gedeckt ist. Im zweiten Teil der Szene wird ein Bankett mit Musikern gezeigt. Der Betrachter kann einen Harfen- und einen Lautenspieler er-

D

kennen, die von drei applaudierenden Männern begleitet werden. Die Eltern des Toten überragen diese Szene.
An der Westwand befindet sich eine Scheintür. An der östlichen Wand steht eine Stele, auf welcher der Tote kniend dargestellt ist. Er bringt Opfergaben dar.
In der Kapelle sieht man die Begräbnisprozession zur Westgöttin und die Fahrt nach Abydos sowie Opferdarbringungen und die Zeremonie des „Mundöffnens".
Die Nische enthält die Statuen des Toten und seiner Eltern.

Hauptszenen

a) Fragmente von Texten; der Verstorbene bei der Anbetung

b) Der Verstorbene vor Opfergaben stehend bei der Anbetung

c) Das Wiegen und Verstauen von Gold und Türkisen

d) Stele mit Texten; der Verstorbene kniet beim Opfern.

e) Die Eltern von Benia vor einem Tisch mit Opfergaben mit Musikern und Gästen; der Tote vor einem Tisch mit Opfergaben mit einem Mann, der ihm ein Opfer darbringt.

f) Begräbnisprozession und Opfer an die Gottheit Hathor-Imentet mit was-Zepter; der Verstorbene vor einem Tisch mit Opfergaben

g) Nische mit Statuen des Toten und seiner Eltern

h) Der Tote vor einem Tisch mit Opfergaben; Opferung; Reinigungsritual; Zeremonie der „Mundöffnung"

i) Der sitzend dargestellte Tote inspiziert dargebrachte Gaben.

j) Eine Stele, über der sich zwei udjat-Augen befinden, auf der der Tote kniend beim Opfern gezeigt wird.

k) Der Verstorbene vor einem Tisch mit Opfergaben erhält Geschenke.

WEGBESCHREIBUNG

*Von Deir el-Medina zum
Tal der Königinnen
Dauer: etwa eine Stunde*

160 Das Foto zeigt eine Gruppe von Touristen, die auf einem alten Pfad, der von Deir el-Medina zum Tal der Könige und zum Tempel von Deir el-Bahari führt, entlangwandern. Esel sind auch heute noch eine große Hilfe.

Wenn Sie das Arbeiterdorf von Deir el-Medina links liegenlassen, nehmen Sie einen sehr gut ausgeschilderten Weg den Hügel aufwärts, der nach Westen führt. Nach einem Spaziergang von ein paar Minuten erreichen Sie die Spitze eines kleinen Hügels, im folgenden „Bergstation" genannt. An dieser Stelle gabelt sich der Weg in zwei Richtungen. Der rechte Weg führt nach Norden und steigt zu einem beachtlichen Hang hinauf; der linke Weg dagegen führt sanft abwärts in ein kleines Tal, bekannt als das Tal des Dolmen. Dieser Begriff wurde geprägt, weil man in einem Loch, das sich auf seiner Nordseite öffnet, Felsen sehen kann, die einem Dolmen gleichen. Geht man weiter ins Tal des Dolmen hinein, kann man nach ein paar Minuten auf der linken Seite zwei in Stein gehauene Stelen und eine Votivnische aus der Zeit Ramses' III. sehen. Ein weitläufiger Schutzraum befindet sich unweit davon. Er wurde von Eremiten in der Koptenzeit benutzt. Es handelt sich um ein altes Felsenheiligtum, das dem Gott Ptah und der Kobragöttin Mertseger geweiht ist. Dies war ein Ort der Verehrung und des Gebets, den die Arbeiter des Pharaos besuchten.

Setzt man den Weg fort, öffnet sich das Tal des Dolmen und mündet in das Hauptwadi des Tals der Königinnen, das Sie in kurzer Zeit erreichen.

Wenn Sie stattdessen den zweiten Weg nehmen, der an der Nordseite des Tals des Dolmen, wenige hundert Meter vor der Öffnung ins Tal der Königinnen, beginnt, kommen Sie nach ein paar Minuten zu den Ruinen eines alten koptischen Klosters, genannt Deir Rumi. Dort überqueren Sie eine Lehmbank, in der man viele Meeresfossilien finden kann, Zeugnisse eines prähistorischen Ozeans.

Das Kloster wurde im 6. Jahrhundert n. Chr. auf einer kleinen felsigen Nebenstraße von den Eremiten, die in der Gegend wohnten, erbaut.

Nach dem Besuch des Monumentes gehen Sie entlang des Weges

161 oben Die Berge von Theben bestehen aus Kalkstein und stammen aus dem Tertiär. Nicht selten findet man hier maritime Fossilen. Manche dieser Fossilien sind bis zu 40 Millionen Jahre alt. In dieser Zeit war die Gegend von einem Ozean bedeckt.

161 unten Diese kuriose Felsformation wird als „Dolmen" bezeichnet.

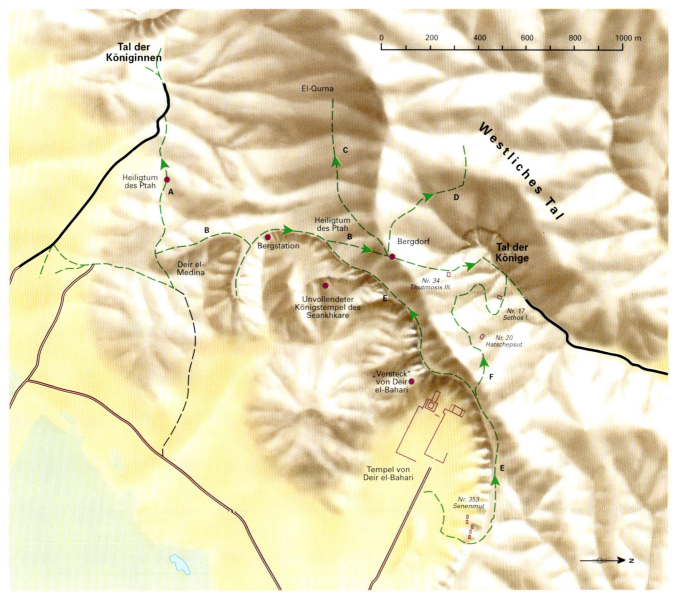

hinunter, der auf den Grund des Hauptwadis des Tals der Königinnen führt. Von diesem Punkt aus kann man das Tal der Königinnen besuchen und dann mit dem Taxi zum Ausgangspunkt zurückkehren.

Karte der Wege in den Bergen von Theben

A) Alter Weg der Arbeiter vom Dorf zum Tal der Königinnen
B) Alter Weg der Arbeiter vom Dorf zum Tal der Könige
C) Weg zum Thebanischen Gipfel
D) Weg des westlichen Tals
E) Weg von Deir el-Bahari
F) Verbindung von Deir el-Bahari zum Tal der Könige

WEG-BESCHREIBUNG

*Von Deir el-Medina zum Thebanischen Gipfel und zum Tal der Könige
Dauer: etwa drei Stunden*

162 oben Das Foto zeigt einen Blick auf die Ruinen des koptischen Klosters Deir Rumi aus dem 6. Jahrhundert am Eingang zum Tal der Könige.

162 unten In alter Zeit nahmen die Arbeiter jeden Tag diesen Weg, der ihre Siedlung Deir el-Medina mit dem Tal der Könige verband. Am Rande dieses Pfades stand ein kleines Heiligtum, das dem Gott Ptah und der Gottheit Mertseger geweiht war, die von den Arbeitern besonders verehrt wurden.

Ausgehend von dem Punkt, der in der vorigen Reisebeschreibung als die „Bergstation" bezeichnet wurde, folgen Sie einem Pfad, der steil nach Norden ansteigt.
Nach etwa zehn Minuten kommen Sie an eine Gabelung, von der aus ein kleiner Weg seinen Ausgang nimmt, der zu einer felsigen Nebenstraße mit einem exzellenten Blick auf das gesamte Gebiet von Deir el-Medina führt. Wenige hundert Meter weiter erreichen Sie die Anhöhe, von der aus man die ganze Umgebung bis zum Tal der Königinnen überblicken kann. Bei aufmerksamem Hinsehen kann man zerfallende Steinmauern erkennen; dies ist die Hügelstation mit den Überresten der Barracken der antiken Wachposten, die den Zugang zur königlichen Nekropole kontrollierten.
Nach ungefähr 500 m, beginnt rechts, am Fuß eines felsigen Bergausläufers, noch ein ebener Weg, der zum Tempelkomplex von Deir el-Bahari führt. Um den Weg fortzusetzen, müssen Sie dem aufsteigenden Weg zum Kamm der Bergkette folgen. Hier, an einem Platz, der die Nilebene und das Tal der Könige überragt, kann man Überreste vieler Häuser sehen. Es handelt sich um das Bergdorf, eine Art Ableger des Hauptdorfes von Deir el-Medina, in dem die Arbeiter im Tal der Könige, wenn die Arbeit besonders anstrengend war, übernachteten.
Drei Wege verlassen das Bergdorf: Der erste wendet sich abwärts zum Tal der Könige, der zweite führt zum westlichen Tal und der dritte führt hinauf zum Thebanischen Gipfel.
Der Aufstieg von dieser Kreuzung zum Gipfel dauert ungefähr eine halbe Stunde. Am Ausgangspunkt rechts befindet sich ein kleines Felsenheiligtum, das die Arbeiter

dem Gott Ptah geweiht hatten. Auf den es umgebenden Steinmauern kann man verschiedene Graffiti erkennen.
Der Weg steigt an und wird an einigen Stellen sehr steil. Nach ein paar schwierigen Punkten erreichen Sie ohne weitere Probleme den Thebanischen Gipfel. Die Lehmbank dort in der Nähe ist

163 oben An manchen Stellen wandern die Benutzer des Pfades von Deir el-Medina nach Deir el-Bahari und dem Tal der Könige entlang spektakulärer Klippen, die über 100 m hoch sind.

163 Mitte Von der Klippe aus hat man einen wunderschönen Ausblick zum Gelände des Tempels von Deir el-Bahari. Rechts sieht man den Tempel von Nebhepetre Mentuhotep. In der Mitte befindet sich der Tempel von Thutmosis III. und zur Linken der große Tempel der Hatschepsut und an dessen Seite der Schrein der Hathor.

sehr reich an Fossilien, da sich hier in vorgeschichtlicher Zeit ein Ozean befand. Die Landschaft an dieser Stelle ist wirklich grandios. Ein herrliches Panorama ist der Lohn der Mühen beim Aufstieg. Man überblickt das ganze Tal der Könige, das sich unter Ihnen ausbreitet sowie die gesamte Nekropole von Theben.
Auf dem Rückweg gehen Sie den gleichen Weg hinunter zum Bergdorf. Von dort setzen Sie den Weg entlang des nach Norden führenden abwärtsgerichteten Pfades fort. Wenn Sie das Grab von Thutmosis III. passiert haben, kommen Sie am Herzen des Tals der Könige, beim Grab von Sethos I., an. Dort befand sich bis 1991 das Rasthaus, das nun außerhalb der archäologischen Grabungsstätte neu eingerichtet worden ist.

163 unten Dieses Foto zeigt den Pfad, auf dem man den pyramidenförmigen Gipfel der Berge von Theben oberhalb des Tals der Könige erreichen kann. Im Vordergrund sieht man die Reste einer Siedlung der Arbeiter des Tals der Könige, die zeitweilig von jenen bewohnt wurde. Unter der Woche wurde diese Siedlung bevorzugt benutzt, weil sie näher an der Arbeitsstelle lag als das Dorf Deir el-Medina.

GLOSSAR

AMUN
„König der Götter"; wird normalerweise als Mann mit hoher Federkrone dargestellt, manchmal auch als Widder, das ihm geheiligte Tier. Gemeinsam mit der Göttin Mut und dem Gott Chons bildete er die *Thebanische Triade*. Er wurde später mit dem Sonnengott Re vereint und als Amun-Re verehrt. Theben war Hauptkultort.

ANCH (HENKELKREUZ)
Hieroglyphenzeichen für Leben; das Henkelkreuz galt als mächtiges Amulett.

ANUBIS
Schakalköpfige bzw. -gestaltige Gottheit; steht der Einbalsamierung vor und begleitet den Toten ins Jenseits.

ATUM
Ur- und Schöpfergott; als Sonnengott (Atum-Re) steht er für die untergehende Sonne.

BA
Eine der Seelen des Menschen, dargestellt als Vogel mit Menschenkopf.

CHEPRE
Gottheit, die den Sonnenaufgang symbolisiert; meist in Gestalt eines Skarabäus dargestellt.

CHONS
Mondgott in Knabengestalt; in Theben wurde er als Sohn von Amun und Mut angesehen. Er ist oft mit einem Falkenkopf dargestellt, der mit einer Mondsichel und -scheibe verziert ist.

DJED-PFEILER
Das Symbol der Wirbelsäule des Osiris; Symbol für Stabilität, Stärke und Ausdauer.

ENNEADE/GÖTTERNEUNHEIT
Die neun Schöpfergottheiten der heliopolitanischen Kosmogonie: Atum, Schu, Tefnut, Geb, Nut, Osiris, Isis, Seth und Nephthys.

GEB
Personifikation der Erde; Gemahl der Nut und Vater des Osiris.

GENIEN
Dämonen. Oft in Mumiengestalt, konnten gut- und bösartig sein.

HATHOR
Göttin mit Kuhkopf bzw. Kuhohren; Beschützerin der Frauen, der Musik und der Toten.

HEGET
Weiße Krone, Symbol der Herrschaft über Oberägypten.

HELIOPOLIS
Stadt in Unterägypten; von den Ägyptern ursprünglich *On* („die Säule") genannt; Sitz des Sonnenkults.

HEQA (ZEPTER)
Symbol der Königswürde; Attribut des Gottes Osiris.

HORUS
Gottheit mit Falkenkopf oder dargestellt als Falke; Gott des Himmels und Beschützer des Pharaos. Als Sohn von Osiris und Isis wird er oft als daumenlutschendes Kind (Harpokrates) dargestellt.

HORUSKINDER
Vier mumienförmige Schutzgeister mit Köpfen eines menschlichen Wesens (Amset), eines Pavians (Hapi), eines Schakals (Duamutef) und eines Falken (Kebechsenuef). Sie waren die Beschützer der Kanopen und Vertreter der Himmelsrichtungen.

IARUSFLUREN
Felder im Jenseits, auf denen die Seelen der Verstorbenen arbeiten.

IBIS
Heiliger Vogel des Gottes Thot; in der Spätzeit hielt man ihn für dessen Verkörperung.

ISIS
Gemahlin und Schwester des Gottes Osiris, Mutter des Gottes Horus. Auf ihrem Kopf ist meist ein Thron abgebildet.

KA
Eine der Seelen des Menschen, die für die Lebenskraft steht. Der Mensch und sein *ka* werden als identische Gestalten geschaffen. Das *ka* ist unsterblich und sollte dem Menschen die nötige Kraft für das Leben nach dem Tod verleihen.

KANOPEN
Krüge zur Aufbewahrung von Lunge, Magen, Darm und Leber des Toten. Die Eingeweide wurden von den vier Söhnen des Horus (Amset, Hapi, Duamutef und Kebechesenuef) beschützt.

KARTUSCHE
Seilschleife, die an der Unterseite einen Knoten hat und den Namen des Pharaos umrahmt. Die Kartusche symbolisierte die universelle Macht des Sonnengottes und somit auch die des Pharaos. Die Verwendung der Kartusche ist den beiden bedeutendsten der fünf Namen des Pharaos vorbehalten: dem Geburtsnamen und dem Thronnamen.

MAAT
Göttin der Wahrheit und Gerech-

tigkeit. Sie stellt die Ordnung des Weltalls dar. Ihr Symbol ist die Straußenfeder.

MERTSEGER
Weibliche Gottheit in Gestalt einer Kobra; Hauptkultort war die Nekropole von Theben.

MIN
Mumiengestaltiger Gott mit Federkrone und erhobenem rechten Arm; in der Hand hält er eine Geißel. Er galt als Erntegott (Minfest) und als Schutzgott der Fruchtbarkeit und der Wege durch die Ostwüste.

MUMIE
Leichnam, der straff in Stoffstreifen gewickelt wurde. Das Wort wird vom persischen *mumia* abgeleitet, was soviel wie „Pech" bedeutet. Tatsächlich findet man Pech an ägyptischen Mumien erst in der Römerzeit.

MUT
Gemahlin des Amun; wurde ursprünglich als Geier dargestellt, erst später in Menschengestalt. Sie wurde in Theben verehrt.

NAOS
Kleiner Schrein aus Holz oder Stein, in dem die Statue des Gottes im Heiligtum aufbewahrt wurde.

NEBRIDE
Stierleder an einem Stab; eines der Symbole von Osiris und Anubis.

NECHBET
Göttin in Form eines Geiers, wurde in el-Kab verehrt und war Beschützerin von Oberägypten.

NEITH
Göttin aus Sais im Delta, in Verbindung mit Krieg und Jagd. Sie hatte eine Schutzaufgabe und spielte daher beim Bestattungskult eine Rolle zusammen mit Isis, Nephthys und Selkis. Später, im Neuen Reich, wurde sie als Schöpfergottheit, Mutter der Sonne, betrachtet. Sie wird mit der roten Krone von Unterägypten dargestellt. Manchmal trägt sie ein Schild mit zwei gekreuzten Pfeilen.

NEKHAKHA
Geißel, Symbol der Autorität; Attribut des Gottes Osiris.

NEMES
Gewebte Haube der Herrscher: Sie bedeckt den Kopf und fällt an beiden Seiten des Gesichts auf die Schultern.

NEPHTHYS
Schwester der Göttin Isis und Gemahlin des Seth; Mutter des Anubis.

NOMOS
Griechische Bezeichnung für die verschiedenen Verwaltungsbezirke (zwischen 39 und 42, je nach Epoche) des alten Ägyptens. Dieses Verwaltungssystem stammt vermutlich bereits aus Frühgeschichtlicher Zeit und erreichte seine höchste Entwicklungsstufe in der Ptolemäerzeit.

NUBIEN
Gebiet zwischen dem ersten und vierten Katarakt. Man unterscheidet Unter-Nubien (von den Ägyptern *wawat* genannt) zwischen dem ersten und zweiten Katarakt und Ober-Nubien, auch bekannt unter dem Namen Kusch.

NUT
Himmelsgöttin, Gemahlin des Geb, des Gottes der Erde, und Schwester von Schu und Tefnut. Sie wird als Frau mit gewölbtem Körper mit Sternen dargestellt. Auf Königsgräbern und Sarkophagdeckeln wird sie oft als Schutzgöttin abgebildet.

OKZIDENT
Das Totenreich.

OSIRIS
Mumiengestaltige Gottheit, Herr des Jenseits, Gemahl der Isis. Zeugt nach seinem Tod, der durch seinen Bruder Seth verursacht war, seinen Sohn Horus. Er wird mit einer *atef*-Krone, dem Zepter *(heqa)* und der Geißel *(nekhakha)* dargestellt.

OSTRACON
Tonscherbe oder Steinsplitter, die beschriftet wurden.

PFORTENBUCH
Führer für den Verstorbenen zur Überwindung der Türen und ihrer Hüter im Totenreich.

PSCHENT
Doppelkrone, die die Herrschaft über Ober- und Unterägypten symbolisiert. Sie besteht aus der weißen Krone, die in die rote Krone eingearbeitet ist.

PSYCHOSTASIS
Wiegen des Herzens: Nach dem Tod wird das Herz des Toten auf einer zweiarmigen Waage gewogen. Stellte sich heraus, daß es so leicht wie eine Feder war (Symbol für Wahrheit und Gerechtigkeit), erhielt es Zugang zu den Feldern von Iaru, ansonsten wurde das Herz von einem Monster verschlungen.

PTAH
Schöpfergott aus Memphis, Gemahl der Löwengöttin Sechmet, der als mumienförmiger Mann mit dem Zepter *was* dargestellt wird. Später verschmolz er mit Sokaris, dem anderen Totengott von Memphis und wurde als Ptah-Sokaris verehrt.

PYLON
Tempeleingang aus zwei turmartigen Torbauten.

RE
Alte Sonnengottheit; wurde hauptsächlich in Heliopolis verehrt. Re wird mit einem Falkenkopf, darüber die Sonnenscheibe, und mit einem Widderkopf während seiner nächtlichen Reisen abgebildet. Ab der IV. Dynastie nahmen die Könige Ägyptens den Namen „Sohn des Re" an.

RE-HARACHTE
Sonnengott, „Horus der zwei Horizonte". Er wird als Falke und mit Sonnenscheibe dargestellt und vereint die Eigenschaften von Re und Horus.

REGISTER
Horizontale Unterteilung der Wanddekoration der Gräber und Tempel und von Gegenständen wie Grabstelen.

SCHU
Männliche Gottheit der trockenen Luft und der Leere; Gemahl der Tefnut (Göttin der feuchten Luft)

SECHMET
Weibliche Gottheit mit dem Kopf einer Löwin, manchmal mit der Sonnenscheibe dargestellt. Beschützerin der königlichen Macht des Pharaos.

SELKIS
Schutzgöttin des Totenkults. Ein Skorpion auf ihrem Kopf umschreibt ihren Namen.

SETH
Gott des Sturms, Bruder und Mörder des Osiris, wird mit menschlichem Körper und einem undefinierbaren Tierkopf dargestellt.

SISTRUM
Musikinstrument (eine Art Rassel), den Göttinnen Hathor und Bastet geweiht.
Entweder sieht es aus wie eine Schachtel in Naosform mit der Rassel darin oder mit kleinen metallischen Quergriffen.

SONNENBARKE
Barke auf dem die Sonne in den Himmel segelte: Bei Tag bewegt sie sich von Osten nach Westen und bei Nacht von Westen nach Osten. Während ihrer Nachtfahrt wird die Gottheit Re mit Widderkopf dargestellt.

SPHINX
Löwe mit Menschenkopf, Verkörperung der königlichen Macht und Beschützer der Tempeltore.

STELE
Platte aus Stein oder Holz in verschiedenen Formen mit Verzierungen und Inschriften.

SYKOMORE
Den Göttinnen Hathor und Nut geweihter Baum. Sein sehr hartes Holz wurde zur Herstellung von Sarkophagen und anderen Grabgegenständen verwendet.

THOT
Gottheit als Ibis oder mit einem Menschenkörper und Ibiskopf sowie als Pavian dargestellt. Als Erfinder der Schrift und der Wissenschaft war er der Beschützer der Schreiber. Kultort war Hermopolis.

TOTENBUCH
Textsammlung in 190 Kapiteln; illustrierte Zauberformeln, die dem Toten das Überleben im Jenseits gewährleiteten. Der Wortlaut wurde auf Papyri geschrieben und neben den Toten gelegt.
In der Spätzeit zeichnete man die Formeln und Skizzen auf die Leinenbinden für die Mumien.

UDJAT
Das Auge des himmlischen Falkengottes Horus. Es bedeutet „das, was in gutem Zustand ist". Es wurde auch als Schutzamulett verwendet.

URÄUSSCHLANGE
Aufgerichtete Kobra, Symbol des Lichts und des Königtums. Man findet sie auf der Stirn von Gottheiten und Pharaonen. Sie ist der Göttin Uto und dem Sonnengott geweiht, für dessen Auge man sie hielt.

USCHEBTI
Kleine Statuen, die statt des Toten auf den Feldern von Iaru arbeiten sollten. Der Name leitet sich von *usceb* („antworten") ab, denn sie folgten täglich dem Ruf zur Arbeit.

UTO (WADJET)
Als Uräusschlange dargestellte Göttin, die in Buto (heute Tell el-Farain) im Delta verehrt wurde; Beschützerin des Herrschers von Unterägypten.

WAS
Charakteristisches Zepter der männlichen Gottheiten.

WESIR
Titel, der das Oberhaupt der Exekutivgewalt im alten Ägypten bezeichnet. Er vertritt den Pharao in allen Bereichen der Verwaltung des Landes.

FOTONACHWEIS

Alle Fotos, die in diesem Buch veröffentlicht wurden, stammen vom *Archivio Images Service* mit Ausnahme der folgenden:

Antonio Attini/Archiv White Star: 2-3, 35 oben, 123 oben.

Marcello Bertinetti/Archiv White Star: 7 unten rechts, 24-25, 32, 37 N, 46-47, 51 H, 59 oben, 94-95, 95, 96-97, 109, 110 oben, 110 Mitte unten, 116-117, 118-119, 118 unten rechts, 122, 122-123, 123 unten, 124 oben, 124-125.

Giulio Veggi/Archiv White Star: 24-25, 102 oben, 102-103, 104, 105, 106, 107 unten, 108 links, 114 oben und Mitte, 126 oben rechts, 127 oben, 129 Mitte und unten.

Archiv White Star: 8 links, 16 oben und unten, 52-53.

British Museum: 120 Mitte unten.

Giovanni Dagli Orti: 108 rechts.

Fitzwilliam Museum Cambridge: 62 E.

Griffith Institute/Ashmolean Museum: 20, 21, 22, 23, 28 oben.

Archiv IGDA: 38 unten.

Library of Congress – New York: 16-17.

Jurgen Liepe: 1, 36, 37 unten, 41 unten, 42 unten rechts, 43 unten rechts, 119 unten, 128 unten, 131, 134 oben, 135 unten links.

Henri Stierlin: 4, 6, 34, 35 Mitte, 37 oben, 38 links, 38 oben rechts, 39, 40, 41 oben und Mitte rechts, 42 oben, Mitte und unten links, 43 oben und Mitte.

NASA: 11 Mitte und unten.

© White Star S.r.l.,
Via Candido Sassone, 22/24, 13100 Vercelli, Italy
© der deutschsprachigen Ausgabe:
Karl Müller Verlag, Danziger Str. 6, D-91052 Erlangen

Alle Rechte vorbehalten.
Kein Teil des Werkes darf in irgendeiner Form (durch Fotokopie,
Mikrofilm oder ein ähnliches Verfahren) ohne die schriftliche
Genehmigung des Verlages reproduziert oder unter Verwendung
elektronischer Systeme verarbeitet, vervielfältigt oder verbreitet
werden.

Übertragung aus dem Englischen: Dipl. Theologe Ingobert Wilke,
Dr. Anette Zillenbiller
Lektorat: Susanne Kattenbeck

ISBN 3-86070-607-1

3 4 5   3 2 1 00 9

168 Eine der wundervollen Darstellungen aus dem Grab des Inherkhau (Nr. 359). Die Grabstätte befindet sich in der Nekropole von Deir el-Medina. Der Verstorbene wird im Angesicht des aschgrauen Reihers benu, *der die Seele des Sonnengottes Re verkörpert, dargestellt.*